Anekdoten von Liebermann

Een Anarchist is der Kerl doch!

Anekdoten von **Max Liebermann**

Aufgesucht und aufgefrischt
von Walter Püschel

EULENSPIEGEL VERLAG

Ohne Überhebung

Als der Schriftsteller Hans Ostwald im Jahre 1930 dem Maler die Korrekturfahnen zu seinem Liebermann-Buch überbrachte, fing der beim Anblick des Titelblattes zu schimpfen an. »Was denn? Präsident? Doktor honoris causa? Warum nicht gar Ritter pp? Damit wollen wir mal keen Theater machen! Ick bin Max Liebermann. Det is jenug!«

Dressur

An Liebermanns achtzigstem Geburtstag schwärmte ein Gratulant: »Was Sie noch leisten, Herr Professor, ist wirklich ein Wunder!« Liebermann schüttelte energisch den Kopf und erwiderte: »Nee, nee, wissense, wat det is? Det is Dressur! Det is preuß'sch!« Und noch einmal nachdrücklich: »Det is preuß'sch!«

Begegnung mit Menzel*

Ich hatte 1872 in Weimar mein erstes größeres Bild gemalt, die »Gänserupferinnen«. Der Berliner Kunsthändler Lepke stellte es aus, und die Berliner Kritik verriß es einstimmig. Adolph Menzel hingegen lobte das Bild und äußerte den Wunsch, den Maler kennenzulernen. Hocherfreut machte ich mich auf den Weg, um Anerkennung und Zuspruch aus dem Munde des von mir bewunderten Meisters entgegenzunehmen. In der Sigismundstraße stieg ich erwartungsvoll die vier Treppen hoch und klingelte.

---

* Alle mit einem Stern versehenen Beiträge sind Originaltexte von Max Liebermann.

Eine ganze Weile rührte sich nichts, und ich dachte schon, es ist keiner zu Hause. Endlich schlurfte einer den Korridor lang, die Tür ging auf, und Menzel erschien. »Was wollen Sie? Wer sind Sie?« fragte er. »Ich bin der Maler der Gänserupferinnen, die Sie bei Lepke gesehen haben«, erwiderte ich nicht ohne Stolz. »Was? Sie sind der Maler dieses Bildes?« Er blitzte mich aus seinen scharfblickenden Augen an, als hätte er einen Übeltäter erwischt, zog mich am Ärmel in den Korridor und schimpfte: »Ihr Vater sollte Ihnen die Hosen vollklopfen; so etwas malt man mit fünfzig, aber nicht in Ihrem Alter!«

Alter

Der siebzigjährige Liebermann bekannte: »Als ich jung war, konnte ich so alte Knaben, wie ich jetzt einer bin, nicht leiden. Wenn ich über mein Alter nachdenke, sehe ich vor lauter Ärger ganz alt aus!«

Ausstellungseröffnung

Leicht gebückt, gelb, hager sah man Liebermann im Juli 1917 kurz vor Eröffnung der Jubiläumsausstellung durch die Säle gehen. Er begrüßte Freunde, unterhielt sich lebhaft. Als aber die ersten Besucher kamen und ihn neugierig anstaunten, verabschiedete er sich. Professor Fritz Klimsch bat ihn zu bleiben. »Ich bin doch kein wildes Tier«, sagte Max Liebermann und verließ die Ausstellung.

Die Judenfrage*

Mit Professor Einstein habe ich oft über die Judenfrage gesprochen. Ich habe es mein Leben lang
so gehalten, daß ich immer zuerst gefragt hab: Was
ist das für ein Mensch? Niemals danach, ob einer
Jude, Christ oder Heide war. Ich bin als Jude geboren
und werde als Jude sterben.

Bismarcks Söhne*

Während meiner Schulzeit am Friedrich-Werderschen Gymnasium unterrichtete uns ein jüdi-
scher Lehrer namens Salomon im Griechischen und
mauschelte dabei. Bismarcks Söhne Bill und Herbert
machten ihn nach und vermauschelten den Homer.
Jeder von uns dachte: Kunststück, mit dem Vater im
Rücken! Aber der Lehrer hatte keine Angst vor dem
großen Namen und erklärte: »In meiner Stunde dürft
ihr nicht mehr ins Zimmer. Ihr nehmt am Unterricht
der untern Klassen teil!« Wie sich bald zeigte, hatte er
bei dieser Entscheidung die Lehrer und Schüler des
ganzen Gymnasiums hinter sich. So empfindlich war
man damals in Sachen des Geschmacks und des
Benehmens. Auch Fürst Bismarck versuchte nicht,
gegen den Lehrer seine Macht ins Spiel zu bringen,
obwohl er davon im Jahre 1866 nicht wenig besaß.

Fachgutachten

Max Liebermann war der Drittälteste unter vier
Geschwistern, drei Söhnen und einer Tochter.
Mit allen war der Kaufmann Louis Liebermann
zufrieden, nur nicht mit Max, weil der partout den

brotlosen Beruf eines Malers ergreifen wollte. Als sich der aus der Art geschlagene Sohn auch nach dem Abitur nicht von seinem Wunsche abbringen ließ, nahm der Vater die Zeichenmappe des Sohns unter den Arm und ließ sich bei den Malern Ludwig Knaus und Hans Dahl anmelden, die er schätzte. Beide fanden die Zeichnungen schlecht, vielleicht redeten sie auch nur dem Vater zum Munde, weil sie wußten, was er hören wollte. Sie rieten ihm, auf Nummer sicher zu gehen und Adolph Menzel zu befragen. Das lehnte der Vater ab, weil er insgeheim der Meinung war, der sei auch nicht ganz normal.

Onkel Adolph

Der Vater Louis Liebermann war ein strenger Mann, fern allem Kunstsinn, Preuße mit Leib und Seele. Maxens Zeichenleidenschaft war für ihn eine entwicklungsbedingte Marotte, die er ihm auszutreiben suchte. Onkel Adolph sah das anders. Als Besitzer einer Bank hatte auch er viel Geld, aber er ließ die schönen Künste nicht nur gelten, sondern tat auch etwas für sie. So inspirierte er Adolph Menzel, die schlesische Laurahütte zu malen, ein Eisenwalzwerk, das den Liebermanns gehörte. Er kaufte das Bild auch, aber die Familie fand den rußigen und qualmigen Gegenstand eklig und war der Meinung, Arbeiter in einem Eisenwalzwerk gehörten nicht in eine Bankiersvilla, womit sie von ihrem Standpunkt ja recht hatten. Onkel Adolph ließ es sich nicht verdrießen; es beglückte ihn, in seinem Neffen Max eine künstlerische Begabung entdeckt zu haben, und er förderte ihn nach Kräften.

Der Weg

Als Liebermann, neunzehnjährig, am Friedrich-Werderschen Gymnasium in Berlin sein Abitur machte, wurde er auch gefragt, auf welchem Wege der Apostel Paulus von Rom nach Jerusalem gekommen sei. Liebermann antwortete: »Per pedes apostolum!« Der Schulrat, der eigentlich eine geographische Beschreibung erwartet hatte, lachte und ließ die Antwort gelten.

Der Anfang*

Endlich hatte ich glücklich das Examen bestanden, und ich wurde auf der Berliner Universität immatrikuliert. Aber ich belegte kein Kolleg, sondern genoß die Freiheit von der Schule, indem ich im Tiergarten spazierenritt. Bei einem jener morgendlichen Ritte traf ich Steffeck, der jeden Tag vor der Arbeit seinen Gaul stil- und sportgerecht tummelte. Er forderte mich auf, in sein Atelier zu kommen und ein Pferd, das er zu porträtieren hatte, mitzumalen. Zum ersten Mal hatte ich Pinsel und Palette in der Hand. Der Versuch fiel nach Steffecks Meinung überaus günstig aus, und – ich war Maler geworden.

Ein Irrtum*

Der Grund, warum ich Maler geworden bin? Ich dachte, da könnte man immer hübsch faulenzen. Ich hatte mich aber geirrt!

Keine Aussicht

Als Liebermann mit Ach und Krach sein Abitur bestanden hatte, waren seine Eltern sehr erleichtert und fuhren mit ihm zur Erholung in die Schweiz. Es war seine erste Reise ins Gebirge, und er gab auch vor, sich auf die Erlebnisse in der Bergwelt zu freuen. Aber als sie an Ort und Stelle waren, enttäuschte Max seinen Vater gründlich, indem er bemerkte: »Immer, wenn man was sehen möchte, kommt ein Berg!«

Laster

Eine Bewunderin sagte: »Ein Talent wie Ihres entschuldigt auch viele Fehler. Desto erstaunlicher finde ich es, daß Sie, lieber Meister, nie von einer solchen Entschuldigung Gebrauch machen mußten!«

»Also, det laß ick mir nich nachsagen, Gnädigste!« protestierte Liebermann. »Ick hatte in meiner Jugend alle Laster!«

Naturstudie*

Eines Tages trug mir mein Lehrer Steffeck auf, nach einem gefallenen Gaul, der irgendwo im Stall herumliegen sollte, eine Ölstudie zu machen. Ich ging hin, und was ich fand, war ein stinkender Kadaver.

Die Luft war richtig verpestet. Ich malte trotzdem. Nach dem letzten Pinselstrich war mir speiübel. Ich ging zurück, übergab die Studie – und mich auch.

Bei Steffeck[*]

Steffeck bewohnte in seinem Hause, Hollmannstraße 17 – er war aus begüterter Familie – das Erdgeschoß; in dem anstoßenden Garten hatte er zwei Ateliers bauen lassen, für sich und seine Schüler. Die Hochschule für bildende Kunst, die damals Akademie hieß, war sehr versumpft und erfreute sich keines besonderen Renommées. Desto mehr Zuspruch hatte Steffeck, dessen Schule nach Pariser Vorbild – dem einzig nachahmenswerten – eingerichtet war. Vormittags, von neun bis ein Uhr, wurde nach dem lebenden Modell gearbeitet, nachmittags nach Gips gezeichnet, und abends, von sechs bis acht Uhr, war Aktsaal, wo neben uns angehenden Malern Architekten wie Kayser und von Großhelm, Kunsthistoriker wie Wilhelm Bode die menschliche Figur studierten. Oft zeichnete Steffeck selbst mit, und es war eine Freude zu sehn, mit welcher Sicherheit und Leichtigkeit er das Modell hinunterfegte, fast ohne den Bleistift abzusetzen. Korrekturen gab es bei ihm nicht, wie bei seinem Meister Gottfried Schadow, von dem Steffeck oft die niedliche Geschichte erzählte, daß, als sein Sohn Wilhelm, der spätere Akademiedirektor in Düsseldorf, ihn um einen Groschen für Gummi gebeten, ihn gefragt hätte, wozu er Gummi

gebrauche, er, Gottfried Schadow, mache keinen
falschen Strich, den er wegzuwischen hätte.

Zeichnet, was ihr seht!*

Nach seinem allmorgendlichen Spazierritt, so gegen
zehn Uhr, kam Steffeck ins Schüleratelier, ge-
wöhnlich noch in Reithosen und mit Sporen an den
Stiefeln; im Munde die Zigarre, die er in einem fort
ausgehen ließ, um sie ebenso oft wieder in Brand zu
stecken. Er interessierte sich nur für die Arbeiten, in
denen er etwas in der Natur Beobachtetes wiederge-
geben fand. Routine und Schick waren ihm ein Greu-
el, ebenso wie die gewerbsmäßige Kalligraphie, wie
sie damals in den Akademien gelehrt wurde. Überhaupt wurde er nicht müde, von diesen Pflanzstätten
des Künstlerproletariats zu warnen. »Entweder hat
einer genügend Talent, dann braucht er den akademischen Unterricht nicht, oder er hat nicht genügend
Talent, dann nützt er ihm nichts.« Richtig zeichnen
lernen, das übrige war ihm Hekuba. »Zeichnet, was
ihr seht!« war seine immer wiederholte und beinah
einzige Lehre. Mit sonstiger Ästhetik behelligte er
uns nicht, denn er wußte, daß alles Lernen in der
Kunst in nichts anderem bestehen kann, als die Form
zu finden, das Gesehene wiederzugeben. Daher hatte
er nur Schüler, die ihn grenzenlos verehrten, oder solche, die ihn ebenso grenzenlos haßten und bald wei-
terzogen, besonders nach München, wo Piloty den
Nürnberger Trichter zu haben schien. In ein paar Mo-

naten hatten ihm seine Schüler, die vornehmlich Polen, Tiroler und Böhmen waren, sämtliche Maltricks und Schlenker abgeguckt, und nacheinander gabs eine berühmte Tiroler, eine polnische und böhmische Malergeneration. Neben dem vielen G'schnas und dem talentvollen Kitsch trat damals gerade ein wirkliches Genie wie Makart auf, und ich erinnere mich noch des beispiellosen Erfolgs seiner »Pest von Florenz«. Steffeck sagte von dem Bilde: »Es ist schlecht gezeichnet und mit Hurensalbe lasiert.« Wenn er das Wort nicht erfunden hat, so hätte ers jedenfalls erfinden können.

Steffecks Grenzen*

Steffeck war Vater von vierzehn Kindern, und während der zweieinhalb Jahre, die ich Schüler bei ihm war, hatte ihm seine Gattin drei Zwillingspaare hintereinander geschenkt. Trotzdem glaube ich nicht, daß die Sorge um die große Familie ihn – wie er oft behauptete – an der vollen Entfaltung seines Talents gehindert hat. Sein kolossales Jugendwerk »Albrecht Achill«, das er als Dreißigjähriger gemalt hat, hatte sein Renommée begründet. Zwanzig Jahre später malte er das fast ebenso große Bild, das jetzt im Schlosse hängt: »König Wilhelm nach der Schlacht bei Königgrätz«, leider ohne den erhofften Erfolg. Das große Format läßt die Fehler oder richtiger das Fehlende in Steffecks Talent vergrößert erscheinen. Ihm fehlte die innere Leidenschaft, der Kampf und das

Ringen nach dem Höchsten, der Konzentration, vor allem aber der künstlerische Egoismus, der alles seinem Werke opfert. Weil sein Werk ihn nicht mit sich fortriß, reißt es auch uns nicht mit sich.

Popularität

In München begegnete Liebermann in den achtziger Jahren einem Bekannten, der in Gesellschaft eines ehemaligen Generals war. Er wurde vorgestellt, und der Bekannte machte den General auf das ungewöhnliche Talent seines Freundes aufmerksam, was den General aber wenig beeindruckte. Als die drei im Hofbräuhaus ihren Durst löschten, hörte eine Kellnerin zufällig den Namen Liebermann und fragte: »Verzeihens, sind Sie der berühmte Maler Max Liebermann aus Berlin?«

»Ja, der bin ich schon!«

»Dös is mir aber a Freud«, rief die Kellnerin, »a so an berühmten Herrn zu bedienen.«

Der General, der den Vorgang erstaunt verfolgt hatte, meinte pikiert: »In den unteren Kreisen scheinen Sie ja recht bekannt zu sein.«

Der Herrgottschänder[*]

Als ich am selben Tage, an dem die Jury über das Bild »Jesus unter den Schriftgelehrten« geurteilt hatte, abends in den »Allotria« komme, die damalige Künstlerkneipe auf dem Münchner Karlsplatz, und mich still unter meine näheren Freunde setze, schreit

Gedon, der mit den Prominenten tarokte, durch die Kneipe: »Hier kommens her! Einer, der so ein Bild gemalt hat wie Sie, der gehört zu uns!«

Von Stund an war ich in München berühmt, was aber nicht verhinderte, daß, wenn ich in die Regensburger oder Nürnberger Wurstküche kam, wo das Bier besonders gut war, die Philister einander zuriefen: »Da kommt der Herrgottschänder!«

Zuspruch*

Eines Tages klingelte es an meiner Ateliertür in der Landwehrstraße; ich öffne und vor mir steht jemand, der sagte: »Ich bin der Leibl. Ich hab gehört, daß Sie wegen Ihres Bildes so angegriffen werden. Es ist ein Meisterwerk, und wer Ihnen ein Haar krümmt, den schlag ich tot, den Hund!« Bei der bekannten herkulischen Kraft Wilhelm Leibls sah ich in dem Versprechen einen guten Schutz gegen Rowdies.

Münchner Gemütlichkeit*

Nach Eröffnung der Ausstellung kommt meine Wirtin zu mir und sagt, ein vornehmer Herr wolle mich sprechen. Ich gehe raus. Da stellt sich der Herr als Adjudant vom Prinzregenten Luitpold vor. Der Prinzregent warte unten vor der Haustür und ließe fragen, wann er heraufkommen dürfe. Ich bat ihn natürlich herauf. Er sagte: »Ja, eigentlich gefällt mir Ihr Bild nicht. Aber Ihre Kollegen sagen, es sei das beste Bild der Ausstellung. Da muß ich eben noch lernen, wie man so ein Bild versteht. Darf ich öfter kommen?«

In Bayrisch-München war das Gott sei Dank nicht so wie in Preußisch-Berlin, wo alle mit den Händen an der Hosennaht stramm stehen mußten, wenn eine königliche Hoheit dabei war. Wo man bloß reden durfte, wenn man gefragt war. Luitpold gab erst einmal jedem eine von seinen dicken Havannas – und dann setzten wir uns alle. Auch der Adjudant brauchte nicht zu stehen und sprach mit. Es wurde richtig gemütlich. Der Prinzregent kam öfter zu Besuch, und wir wurden gute Freunde.

Entfernung*

Mein Bild »Der Jesusknabe im Tempel«, das ich 1879 in München ausgestellt hatte, veranlaßte einen richtigen Skandal. Der Berliner Hofprediger Adolf Stöcker wurde durch das Bild zu einer Judenhetze inspiriert. Im bayrischen Landtag wogten die Debatten darüber zwei Tage lang. Das hatte ich mir wirklich nicht träumen lassen, als ich das unschuldige Bild malte. (...) Bei Eröffnung der Ausstellung wurde seitens der Klerikalen verlangt, es sollte von seinem Platze entfernt werden. Mich tröstete die Ansicht meiner Kollegen. Vor allem waren Lenbach und die Jury, wie Fritz Kaulbach, Zügel, die Bildhauer Gedon und Wegmüller für mich eingetreten. Man gratulierte mir; es sei das beste Bild, das seit fünfzig Jahren in München gemalt worden sei – und man hätte es auf den besten Platz gehängt. Nun sollte es von der Ausstellung verschwinden, so wollten es die Pfaffen. Aber das ließ Lenbach, der Präsident der Jury, nicht zu. Er erklärte das Bild öffentlich als das beste. Es blieb in der Ausstellung und wurde nur ein bißchen höher gehängt, also von seinem Platz entfernt, wie es die Klerikalen verlangt hatten.

Spaß

Zu festlichen Empfängen ging Liebermann nur ungern. Er meinte, man käme eigentlich mit keinem Menschen richtig zusammen, verliere nur Zeit und Nerven. Auf den Einwand eines Kollegen, es gebe dabei doch auch eine Menge Spaß, erwiderte er: »Können Sie arbeiten, wenn Sie sich abends rumtreiben? Na sehn Sie. Und mir macht die Arbeit am meisten Spaß. Den laß ich mir durch Gesellschaftstratsch nicht verderben.«

Meschugge*

Als Paul Meyerheim hörte, ich wollte Maler werden, sagte er zu mir: »Wat, Maler wollen Se werden? Bilder koofen solln Se!«

Kopien nach Originalen

Ein als Schlachtenmaler bekannter und bei Hofe beliebter Professor traf mit seinem Adlatus in Haarlem in einer Künstlerkneipe am Großen Markt Max Liebermann. Die Rede kam auf Frans Hals, und der Professor sagte: »Ich höre, Sie kopieren dieses alte Zeug. Was um Himmels willen, Herr Kollege, finden Sie an Frans Hals?«

Liebermann antwortete: »Es gibt niemanden, der heute so einen Kopf malen könnte!« Da sprach der Adlatus und wies auf seinen Herrn und Meister: »Niemand, sagen Sie? Neben Ihnen sitzt dieser Niemand!«

Liebermann winkte der Kellnerin.

Altmännerhaus

Liebermann hatte im Jahre 1880 einen Freund im Amsterdamer Rembrandt-Hotel aufgesucht, und als er aus dem Flurfenster sah, fiel sein Blick auf einen Garten, in dem schwarzgekleidete alte Männer in einem von Sonnenlicht überfluteten Gang herumsaßen. Der Anblick frappierte ihn; er sah ein Bild vor sich und war entschlossen, es zu malen. Ein Kellner, den er fragte, antwortete ihm, der Garten gehöre zum Altmännerhaus. Als das Gemälde fertig war, nahm er es mit nach Berlin und brachte es zu Menzel. Der betrachtete es lange. Dann deutete er auf die Köpfe und sagte, indem er mit dem Finger einen Kreis über der Partie des Backenknochens beschrieb: »So etwas muß noch ähnlicher sein.«

Anerkennung

Während Liebermann in Holland an seinem Bild »Die Bleiche« malte, stand ein Bauer hinter ihm und sah zu. Liebermann fragte: »Na, gefällt es Ihnen?« Der Bauer nickte und sagte anerkennend: »Sogar die Steine am Hause stimmen. Ich hab sie nachgezählt!«

Gemischte Kost

Ein Reporter der Fleisch-Verbands-Zeitung fragte im Oktober 1929 Max Liebermann, was er für Fleischgerichte esse und was er von gemischter Kost halte. Der Meister kam gerade von einem Spaziergang aus dem Tiergarten. Er öffnete die Haustür und sagte: »Hier können Sie schon riechen, daß es heute mittag einen guten Rindsbraten gibt. Abends genehmigen wir uns einen Kalbsbraten, und für morgen mittag ist Hammelbollenfleisch angesagt. Für einen Vertreter des Fleisch-Verbandes ist das eine gesunde Mischkost, finde ich.« Mit einem freundlichen »Mahlzeit« schlug er dem Reporter die Tür vor der Nase zu.

Ablaßhandel

Im Sommer 1883 besuchte Max Liebermann das Schloß der Gräfin Maltzahn, wo er das Ablassen eines Karpfenteiches im Bilde festhalten sollte. Der Künstler verbrachte einige angenehme Wochen auf dem Schlosse, machte seine Entwürfe und setzte die Kosten der Ausführung mit siebentausend Mark fest.

Die Gräfin lobte die Skizzen und bemerkte, bei einer Ausführung in Öl habe sie zwar mit einer höheren Ausgabe gerechnet; es sei ja auch als Geburtstagsgeschenk für ihren Sohn gedacht gewesen. Aber für siebentausend Mark könne sie ihm ebensogut einen Viererzug kaufen. Da nahm Liebermann seine Skizzen und sagte: »Wenn das so ist, Frau Gräfin, rate ich Ihnen: Kaufen Sie Ihrem Sohn den Viererzug!«

Weihnachtsbescherung

Mit Hugo von Tschudi, dem neu berufenen Direktor der Nationalgalerie, fuhr Liebermann im Frühjahr 1896 nach Paris, um Bilder moderner französischer Maler einzukaufen. So kamen Werke von Courbet, Degas, Monet und anderen nach Berlin und wurden im Dezember 1896 im Cornelius-Saal der Nationalgalerie gezeigt. Der Kunstkritiker Lichtwark, der wußte, wie wenig die neue Malerei dem offiziellen Kunstgeschmack entsprach, nannte die Ausstellung ironisch »eine köstliche Weihnachtsbescherung für Berlin und damit auch für das Reich«. Der Kaiser, der die Bilder noch gar nicht gesehn hatte, traf mit Tschudi bei einer Ordensverleihung zusammen. Er kündigte seinen Besuch an und nannte die neue Malweise eine disziplinlose Provokation. Die Herrschaft der Phantasie in der Malerei sei die Aufkündigung jeder lenkbaren Norm und damit ein indirekter Angriff auf die Staatsmacht. Nun gebe es in Berlin schon eine Sezession unter diesem Liebermann mit einem eigenen Ausstellungshaus, und es sei doch sehr unüberlegt, diese unfertigen Leute ausgerechnet durch die Franzosen zu unterstützen.

»Unfertigkeit ist ein relativer Begriff«, sagte Tschudi diplomatisch. »Damit sind wir aus der Versumpfung des Ausstellungswesens herausgekommen.«

»Gut, früher waren auch nicht alle Ausstellungen gut«, gab der Kaiser zu. »Aber dieser schreckliche Personenkult der Sezessionisten, das ist doch reine Sozialdemokratie!«

Tschudi erwiderte: »Im Gegenteil, Majestät, das ist ein sehr aristokratisches Prinzip!«

»Aber jeder will regieren!« rief der Kaiser. »Wo kommen wir da hin?«

»Es ist dafür gesorgt, daß die Bäume nicht in den Himmel wachsen«, erwiderte Tschudi.

Der Kaiser sagte im Abgehn: »Empfehle ich dringend; sonst müßte ich selbst dafür sorgen!«

Verwandte

Der Landschaftsmaler Julius Bodenstein ging Unter den Linden spazieren, als ihm ein mit Liebermann verwandter Gerichtsassessor begegnete. Nachdem sie gemeinsam ein Stück des Wegs gegangen waren, fragte der Assessor, wen Bodenstein als guten Porträtisten empfehlen könne; er möchte seine Frau malen lassen. »Da fragen Sie noch?« entrüstete sich Bodenstein. »Sie haben doch in Ihrer Familie den größten Maler Deutschlands!«

»Sie meinen Max Liebermann?« fragte der Gerichtsassessor. Als das bejaht wurde, machte er »Püh!« und tat einen burlesken Sprung von der Bordschwelle auf den Damm.

Der Kritiker

Anfang der neunziger Jahre kam Maximilian Harden zu Liebermann und bat ihn, für seine neugegründete Zeitschrift »Zukunft« Kritiken über Maler zu schreiben. Liebermann antwortete, er könne das nicht. Gerade er könne das, meinte Harden. Er sei sachverständig und kenne in der Malerei wie in der Kunst überhaupt nur ein Ziel: Ehrlichkeit! Nichts anderes wolle auch die »Zukunft«.

Liebermann lehnte kopfschüttelnd ab. »Nee, nee, ick will mir nich verzanken, ick will malen!«

Zeitverschwendung

In Bad Kissingen traf Max Liebermann Adolph Menzel. »Ein bißchen ausspannen?« fragte die kleine Exzellenz. »Nein, ich besuche nur meine Braut«, erwiderte Liebermann. »Was, heiraten wollen Sie?« fragte Menzel entsetzt.»Das ist weiter nichts als Zeitverlust!«

Italien

Von einer Italienreise zurückgekehrt, bekannte Liebermann: »Man sollte es nich glauben, aber et ist jar nich so kitschig, wie die Leute tun!«

Das kleinere Übel

Im Jahre 1900 verabschiedete der Reichstag eine Gesetzesvorlage, die Lex Heinze, mit deren Hilfe Abbildungen, literarische Werke und Theateraufführungen verboten werden konnten, die nach Meinung der Richter das öffentliche Schamgefühl verletzten. Den Namen hatte das neue Gesetz aus einem Präzedenzurteil gegen einen Zuhälter, und es gab wenig Zweifel, in welche Rolle die moderne Kunst mit Hilfe der Lex Heinze gedrängt werden sollte. Selbstverständlich war ein Maler wie Liebermann

Gegner der Lex Heinze. Mit Adolph Menzel, Julius Mommsen, Hermann Sudermann und anderen nahm er an einer Versammlung teil, die sich gegen das neue Gesetz richtete, auf der aber auch auf besonderen Antrag Menzels eine Entschließung gegen die Siegesallee gefaßt werden sollte. Menzel, der nichts von Versammlungen hielt, pflegte sie zu verschlafen, was ihn nicht daran hinderte, im rechten Augenblick die rechte Abstimmung zu treffen. Das Referat gegen die Lex Heinze hielt der Dramatiker Sudermann. Über den schlafenden Menzel sah er hinweg; als der aber immer lauter schnarchte, steigerte Sudermann seine Stimme und donnerte schließlich vollbartzitternd, Kunst sei heilig auch im Hurencafé. Bei diesem Aufschrei erwachte Menzel und fragte erschrocken: »Siegesallee.«

»Nein, Exzellenz«, erwiderte Sudermann, »ich spreche gegen das neue Gesetz!«

Menzel sank sofort vornüber und schlief beruhigt weiter.

Keine Staatsräson[*]

Menzel hatte mir, der ich von der französischen Regierung zum Juror in der Aufnahmekommission für die Pariser Weltausstellung von 1889 ernannt war, sechzehn oder achtzehn seiner Werke anvertraut, als plötzlich kurz vor der Eröffnung der Ausstellung ein Erlaß Bismarcks erschien, der allen Künstlern, die preußische Beamte waren, die Beteiligung an ihr untersagte. Und alle die damaligen Berühmtheiten, von Achenbach, von Reinhold Begas bis zu den kleineren Sternen hinab, beeilten sich, ihre Werke zurückzuziehen. Bis auf Menzel, bei dem ein Ministerialdirektor erschien, um ihm auseinanderzusetzen, daß es sich für ihn als den Kanzler des Ordens Pour le mérite nicht zieme, in Paris sich an der Ausstellung zur Jahrhundertfeier der Französischen Revolution zu beteiligen. Darauf Menzel: »Ich bin jetzt dreiundsiebzig Jahre alt, ich habe immer gewußt, was sich für mich schickt, und ich werde es weiter wissen.« Sprach's und stellte ruhig aus.

Immer taktvoll

In einer Gesellschaft erzählte die Gattin eines Malers von einem französischen Herrensitz. Sie beschrieb den weitläufigen Park, lobte die vornehme Architektur des Schlosses und erging sich zum Schluß über den feinsinnigen Spruch im Hauswappen. Als alles beeindruckt schwieg, sagte Max Liebermann mit sehr lauter Stimme: »Det is jrade wie im Jrunewald. Da warn Haus mitn Spruch: Klein, aber mein. Und davor een Schild: Diese Villa ist zu verkaufen!«

... und diskret

In einem Treppenhaus begegnete Liebermann einem Möbelträger, dem beim Ausweichen ein Schrank entglitt, der dröhnend die Stufen hinabpolterte. »He, Meester!« krähte Liebermann. »Ick gloobe, Sie ham wat valorn!« Und machte, daß er davonkam.

Der Geschichtsmaler

Liebermann hatte den Auftrag, für das Rathaus in Altona ein Wandgemälde zu entwerfen, und wählte als Thema »Die vier Jahreszeiten«. Ein wohlmeinender Kollege sagte, er hätte lieber auf Motive aus der Geschichte zurückgreifen sollen. »Hab ick doch«, verteidigte sich Liebermann. »In Altona ist nischt andres passiert als die vier Jahreszeiten!«

Immer dasselbe

Zeigen Sie mir mal Ihr Profil, Fräuleinchen«, verlangte Liebermann, als sich ein neues Modell bei ihm vorstellte.

Prompt kam die Antwort: »Aber, Herr Professor, ich bin ein anständiges Mädchen!«

Inhalt und Form

Als Liebermann sein Atelier in der Königin-Augusta-Straße hatte, bezog er seine Rahmen von einem Tischler namens Redel in der Viktoriastraße, der auch ein geschickter Vergolder war. Obwohl beide Parteien einander achteten, kam es über manche Rahmungen zu Meinungsverschiedenheiten. Bei solchen Auseinandersetzungen mußte Redel oft Fluten grober Worte über sich ergehen lassen. Eines Tages riß dem Tischler die Geduld; er ballte die Fäuste und schrie: »Herr Liebermann, Se megen a großer Maler sein, aber von Rähmen verstehn Se nix!«

Vetternwirtschaft

Ich hab im Salon Cassirer einen Ihrer Vettern getroffen«, berichtete ein Journalist Max Liebermann. – »Den müssen Se mir schon näher benamsen«, war die Antwort. »Seit ich Präsident der Sezession bin, hab ich viele Vettern.«

Der Sachverständige

Im Jahre 1925 hatte ein Sittlichkeitsrichter eine Satire von Karl Wilczinski, »Der Untergang der Stadt Sandschuh«, mit Illustrationen von Jupp Wiertz, wegen »unsittlichen Charakters« der Bilder verboten.

Max Liebermann war als Sachverständiger zur Zensurverhandlung geladen worden. Vom Gerichtsvorsitzenden wurde er gefragt, ob er an den Bildern Anstoß genommen habe.

»Nee, ick hab mir amüsiert«, erwiderte der Maler.

»Aber verletzen die Darstellungen des Buches nicht Ihr Schamgefühl?«

Liebermann antwortete: »Nee, Herr Präsident, unsittlich sind bloß immer die Feigenblätter davor!«

Wegbereiter

Bei einem Spaziergang durch Amsterdam machte Max Liebermann seinen Begleiter, einen Münchner Kunsthistoriker, darauf aufmerksam, wie gut es die Holländer verstanden hätten, eine neue Architektur aus der Tradition heraus zu entwickeln. Unvermittelt knüpfte er daran den Gedanken: »Wenn ich mal tot bin, und wenn man ganz anders malt als ich, wird man hoffentlich sagen: Er hat den Jungen den Weg offengehalten.«

»Jehn Se zum Kaiser ...«

Kaiser Wilhelm II. hatte den leidenschaftlichen Wunsch, die beiden rechts und links neben dem Brandenburger Tor stehenden Häuser in seinen Besitz zu bringen und sie abreißen zu lassen, weil er glaubte, so vereinzelt werde das Brandenburger Tor der Monumentalität des Arc de Triomphe in Paris gleichkommen. Als der Besitzer des einen Hauses, ein Graf von Redern, starb und die Familie dem Kaiser das Redernsche Palais zum Kauf anbot, hielt Wilhelm II. die Zeit für gekommen, auch an Liebermann heranzutreten, und schickte eine in Geschäften erfahrene alte Hofexzellenz zu ihm. Max Liebermann hörte dem Vortrag des kaiserlichen Abgesandten geduldig zu und sagte dann, mit seinem Zeigefinger bekräftigend auf den Tisch tippend: »Nu will ick Ihnen mal wat sagen, Exzellenz: Bestellen Se dem Kaiser, der Liebermann hätte gesagt, der Kaiser wohne uff det eene Ende von de Linden und der Liebermann uff det andere. Un ebenso, wie der Kaiser nich von det eene Ende der Linden rausgeht, jeht der Liebermann nich von det andere Ende der Linden raus.« Als die Hofexzellenz, ihre Empörung mühsam beherrschend, zum Wagen eilte, rief Liebermann hinterher: »Sagen Se seiner Majestät ruhig, nur mit den Füßen voran verließe der Liebermann sein Haus!«

Erkenntnis[*]

Eine alte Richtung ist gut, wenn sie gut ist, und die neue Richtung ist gut, wenn sie alt ist.

Temperament

Liebermann ist als Maler naiv, ja leidenschaftlich; zugleich ist in diesem Individium die kritische Skepsis vieler Geschlechter. Man kann es auch so ausdrücken: die Wärme ist kühl bei Liebermann, und die Kälte heiß von Temperament.

Vergebliche Liebesmüh[*]

Die Technik ist der Ausdruck des Geistes. Niemand kann sagen, wo das Handwerk aufhört und das Kunstwerk beginnt; denn beides ist in- und miteinander unlösbar verwachsen. Ein Bild in Geist und Technik zerlegen wollen hieße ein lyrisches Gedicht in Prosa auflösen oder nach Alfred von Bergers witzigem Worte: Eine Statue sezieren wollen.

Notwendiger Vorbehalt

Als auch Kaiser Wilhelm II. bekennen mußte, Liebermann sei ein großer Maler, fügte er hinzu: »Aber een Anarchist is der Kerl doch!«

Werkzeug

Ein Kollege nahm sich eine Zeichnung von Liebermann vor und fragte, ob er mit einem harten oder weichen Bleistift zeichne. »Mit Talent«, sagte Liebermann.

Die Grenze

Als der Maler Lesser Ury bei Liebermann im Atelier zu Besuch war, bemängelte er einiges an einem neuen Bilde. Liebermann drückte ihm einen Pinsel in die Hand und bat anzudeuten, was er meine. Mit einigen Strichen tat das sein Kritiker.

Bald darauf erfuhr Liebermann, Lesser Ury erzähle überall, des Meisters letztes Bild gemalt zu haben. »Det darf er«, sagte Liebermann. »Aber wenn er behauptet, daß seine Bilder von mir sind, dann verklag ich ihn!«

Ein Kriterium

Als man Liebermann nach seiner Ansicht über Max Klinger fragte, sagte er: »Wissen Se, ick finde ihn jräßlich. Aber es gibt Portiersöhne, und es gibt Künstler. Und een Portiersohn is Klinger nich!«

Noch ein Kriterium

Cezannes »Junger Mann mit roter Weste« sollte von der Düsseldorfer Kunsthalle angekauft werden. Daraus wurde nichts, weil der Kritiker Eduard von Gebhardt protestierte; ihm gefiel nicht, daß der rechte Arm des jungen Mannes länger geraten war, als die Anatomielehre gestattete.

Das Bild wurde trotzdem ausgestellt, und eines Tages trafen sich vor ihm Eduard von Gebhardt und Max Liebermann.

Ein Meinungsstreit entbrannte, in dem Liebermann die Komposition und Farbstimmung des Gemäldes lobte.

Darauf erwiderte Gebhardt erregt: »Und was sagen Sie zu dem unendlich langen Arm?«

»Der Arm ist so schön gemalt«, sagte Max Liebermann, »der kann gar nicht lang genug sein.«

Realpolitiker

Zwölf Jahre lang war Max Liebermann Präsident der Preußischen Akademie der Künste. In dieser Zeit erlebte er auch manche Enttäuschung. Eine bereitete ihm Arno Holz an dem Tage, an dem die Sektion Dichtkunst ins Leben gerufen wurde. Kurz vor der Eröffnung erfuhr er, Holz würde die Verfassung der Akademie in Frage stellen. Liebermann war niedergeschlagen. Seiner Meinung nach war ein Vorstoß bei falscher Gelegenheit schädlicher Dilettantismus. »Was mach ich bloß?« fragte er den Kulturminister. Der riet, den Dingen ihren Lauf zu lassen. So hielt Arno Holz seine große Rede, in der er die Zurückstellung der Länderinteressen forderte und die Gründung einer Deutschen Akademie der Künste. Das in einer Zeit, wo jeder Bundesstaat ängstlich über seine Sonderinteressen wachte. Was Arno Holz so gut wußte wie Max Liebermann.

Als Liebermann später nach seiner Meinung zu der Rede gefragt wurde, sagte er: »Wissense, wenn det een Dummer gewesen wäre; aber der Holz is doch jescheit jenug, um zu wissen, daß er wat Unvernünftiges verlangt hat. Ick versteh nich, warum Schriftsteller so was machen.«

Zille[*]

Schon vor dreißig Jahren bin ich für Heinrich Zille eingetreten, und zwar bei Gelegenheit einer Jury für die beste Buchillustration, die der Verlag Ullstein einberufen hatte. Ein ziemlich oberflächlicher, aber geschickter Illustrator erhielt den Preis von dreitausend Mark, worauf ich erklärte, daß ich der Jury nicht länger beiwohnen würde, wenn der Verlag nicht auch Zille dieselbe Summe auszahlen wurde.

Kunstgelehrtheit[*]

Die Schönheiten der Form sind mathematisch nachzuweisen, aber die Schönheiten der Farbe kann man nur empfinden. Und man kann ein sehr großer Kunstgelehrter sein, ohne etwas von Kunst zu verstehen.

Zeugung[*]

Der Kopf ist der Vater, die Hand die Mutter, und nur die aus dieser Ehe hervorgegangenen Kinder sind legitim, das heißt: echte Kunstwerke.

Brautnacht[*]

In der Skizze feiert der Künstler die Brautnacht mit seinem Werke; mit der ersten Leidenschaft und mit der Konzentration aller seiner Kräfte ergießt er in die Skizze, was ihm im Geiste vorgeschwebt hat, und er erzeugt im Rausche der Begeisterung, was keine Mühe und Arbeit ersetzen können.

Talent*

Talent haben viele. Aber es is wie ne Pflanze, ne ganz kleine Pflanze, die sehr gründlich gepflegt werden muß. Wer nicht mächtig hinterher ist, dem nutzt das Talent nichts.

Phantasie*

Der junge Mann – noch häufiger die junge Dame, sobald sie sich ernstlich dem Studium der Malerei widmen, machen es nicht nur nicht besser als früher, sondern im Gegenteil viel schlechter. Die Phantasie, die früher naiv Natur wiederzugeben bestrebt war, wird allmählich von dem Suchen nach Korrektheit verdrängt. Aus der phantasievollen, aber unkorrekten wird die phantasielose, aber korrekte Zeichnung. Mit andern Worten: Der Buchstabe tötet den Geist, und nur die Talentvollsten können ungestraft an ihrer Phantasie den akademischen Drill überstehen.

Treffsicherheit

Eduard Manet wurde vorgeworfen, daß er auf seinem Gemälde »Die Hinrichtung des Kaisers Maximilian« die Füsiliere viel zu nahe an den Delinquenten herangestellt hätte, so daß sie am Kaiser vorbeischießen müßten.

Max Liebermann begegnete diesen Kritteleien mit der Bemerkung: »Ein Maler muß mit dem Pinsel treffen.«

Methode[*]

Als jemand den Père Corot fragte, wie er's anfinge, nur die großen Massen in der Natur zu sehn, antwortete er: »Ganz einfach, um die großen Massen zu sehn, müssen Sie mit den Augen blinzeln, um aber die Details zu sehn, müssen Sie die Augen schließen.«

Karl May

Was sei schon an einem Schriftsteller, der wegen Eigentumsvergehen im Zuchthaus gesessen habe. »Wissense wat«, bemerkte Liebermann, »alle jroßen Leute sind unanständige Menschen jewesen.«

Vor Rembrandts Nachtwache[*]

Wenn man Frans Hals sieht, bekommt man Lust zum Malen; wenn man Rembrandt sieht, möchte man es aufgeben.

Gott sei Dank[*]

Natürlich muß jeder Maler sein Handwerk verstehen, wie jeder Schneider oder Schuster sein Metier ordentlich gelernt haben muß. Aber den Wert eines Bildes nach seiner technischen Vollendung schätzen zu wollen, wäre ebenso töricht, wie ein Gedicht nach der Korrektheit der Verse oder der Reinheit der Reime zu beurteilen. Dem lieben Gott sei's gedankt: In der Kunst macht der Rock noch nicht den Mann.

Antwort*

Ein witziger Maler, den man vor seinem Bilde fragte, was er habe malen wollen, antwortete: »Wenn ich es sagen könnte, hätte ich es nicht zu malen gebraucht.«

Begabung

Nach seiner Meinung über Anton von Werner befragt, den lautesten Gegner der neuen Kunst, antwortete Liebermann: »Ick sage immer, wenn Anton von Werner ooch ohne Hände geboren worden wäre, die größte Schnauze hätt' er trotzdem!«

Sitzungsgespräche

Der Grafiker Hans Meid, der den Auftrag erhalten hatte, von Max Liebermann eine Porträtradierung zu machen, erzählt von dieser Arbeit: »Ich kam mir vor, als ob ich Caruso etwas vorsingen sollte. Das Porträt ist auch eine meine schwächsten Arbeiten geworden, doch um so besser waren die Witze und Lehren, die Liebermann während der Sitzung von sich gab. ›Wissense, jeder Mensch hat Ähnlichkeit mit irgendeinem Tier; ick sehe aus wie ein Aasgeier.‹ Wobei er konstatierte, daß ich seine Nase nicht lang genug gemacht hatte. Dann erzählte er, wie oft er als junger Mann gemalt worden sei, sogar von Nathanael Sichel, dem Maler der »Bettlerin von Pont des Arts«. In späteren Jahren habe der Sohn Sichels ihm das Porträt im Auftrag seiner Mutter als Geschenk angeboten; Liebermann lehnte gerührt ab, da das Bild ein zu großes Wertobjekt sei, das er nicht annehmen könne. Das Gespräch kam auch auf meinen Landsmann Hans Thoma. Auf den war er nicht gut zu sprechen. ›Ick gloobe, der hat een Privattelefon zum lieben Gott.‹«

Shocking

Max Liebermann war bei Lovis Corinth zu Besuch. Neugierig wanderten seine Augen über den Zeichentisch des Kollegen. Plötzlich rief er entsetzt: »Wat – Se ham een Radierjummi?!«

Vorsicht

Als Liebermann aufgefordert wurde, eine Ausstellung des Malers Marc Chagall zu besuchen, weigerte er sich.

»Aber an dem Chagall ist wirklich was dran«, versicherte ein Freund.

»Drum jeh ick ooch nich hin«, erwiderte Liebermann. »Womöglich jefällt mir det Zeug!«

Selbstbewußtsein

Ein begeisterter Kritiker schwärmte: »Meister, je mehr ich mich in die Kunst versenke, desto klarer wird mir, es gibt nur zwei große Maler: Velasquez und Sie!« Darauf Liebermann: »Wat denn, wat denn, wieso Velasquez?«

Ratgeber

Auch ein Akademiepräsident kommt nicht ohne den Rat seiner Kollegen aus. Liebermann hörte am liebsten auf den Rat des Tierbildhauers August Gaul.

»Der Gaul«, schwärmte er, »det warn kluger Kerl. Der hatte Mutterwitz. Er sprach nich jern, spielte sich nie uff. Aber bei den Sitzungen kam er zu mir und sachte mir leise, worauf es ankam. Und det stimmte! Det war immer det Beste!«

So isses!*

Wo de Bejabung uffhört, gleich jeht der Stil los!

Armutszeugnis

Henri Matisse wurde von Liebermann gefragt: »Warum malen Sie nicht einfach weiter im Flusse der großen französischen Tradition?«

Worauf Matisse erwiderte, eine solche Malerei müßte dann auch besser sein als Manet oder Renoir, und so etwas könne man heute nicht malen.

»In meinen Augen stellen Sie sich da ein Armutszeugnis aus«, erwiderte Liebermann. »Ein Maler soll malen, was er sieht und nicht nach Theorien.«

Stoßseufzer

Liebermann hatte annähernd einhundertsechzig Porträts gemalt, darunter so berühmte Leute wie Gerhart Hauptmann, Richard Strauß, Walter Rathenau und den Reichspräsidenten Paul von Hindenburg. Die Bilder fanden großen Beifall, brachten ihm auch beachtliche Honorare ein. Trotzdem seufzte er einmal: »Ich muß immerzu Männer malen; und bin doch so für die Frauen.«

Diagnose

Sie ahnen nicht, wie schwer es mit den Jahren in der Kunst wird«, erklärte Liebermann einem Besucher. »Jedes Bild is ne Viechsarbeit; dazu die Gicht in den Fingern ...«

»Sicher haben Sie zuviel bei Wind und Wetter im Freien gearbeitet.«

Liebermann grinste verschmitzt und bemerkte: »Nee, nee; det kommt vom Saufen!«

Det hört nich uff!

Im Alter von einundachtzig Jahren malte Liebermann das Bild einer jungen Frau. Als es der Kunstkritiker Max Osborn sah, schwärmte er: »In dem Bild steckt soviel Verliebtheit, daß man gar nicht anders kann, als mit Liebermann zu sagen: Det hört nich uff!«

Roßkur

Von einer bestimmten Sorte Landschaftsmalern behauptete Liebermann, sie hielten den Pinsel an die Leinwand und wippten mit dem Fuß gegen die Staffelei und erzeugten so ihren flotten »Baumschlag«. Sein besonderer Haß galt einer Familie, die Landschaften serienweise herstellte. Durch sie ließ er sich zu der Bemerkung hinreißen: »Man müßte der ganzen Familie die Klauen abhacken!«

Urteil[*]

Wissense, det sieht alles jut aus, aber et is nich jut!

Der weltgeschichtliche Moment[*]

Mein verstorbener Freund Jettel pflegte jedem, der ihn besuchte – und welcher deutsche Maler, der im letzten Viertel des verflossenen Jahrhunderts nach Paris kam, hat ihn nicht besucht! –, die Geschichte von dem Wiener Akademiedirektor zu erzählen, wie der Meisterschüler den Karton zu seinem ersten Bilde »Luther schlägt die Thesen an die Schloßkirche zu Wittenberg« zeichnet. Nach monatelangem Korrigieren und Ändern ist endlich der Karton fertig, und die Komposition wird auf die Leinwand gepaust: Luther schwingt den Hammer, während die Menge ihm begeistert zujauchzt. Als der Direktor zur Korrektur kommt, lobt er die Komposition, aber er meint, daß es der Erhabenheit des weltgeschichtlichen Moments nicht angemessen sei, daß Luther eigenhändig den Hammer schwinge. Das müsse einer seiner Jünger tun. Dem braven Schüler leuchtet das ein, und die Komposition wird demgemäß verändert: Während Luther die Menge haranguiert, schwingt der Nächststehende den Hammer; als der Meister wiederkommt, billigt er die Änderung, aber er meint, daß nicht der Luther Nächststehende, sondern dessen Nachbar die Thesen anschlagen müsse, um nicht die Aufmerksamkeit des Beschauers von der Gestalt Luthers, der doch die Hauptperson im Bilde sei, abzulenken. So geht's durch ein viertel oder halbes Jahr weiter, bei jedem Besuche im Atelier des Schülers meint der Direktor, daß der nächste den Hammer schwingen müsse, bis alle der Reihe nach den Hammer geschwungen haben und der Direktor zu dem Schlusse kommt, daß in der furchtbaren Erregung des weltgeschichtlichen Moments Luther den Hammer selbst in die Hand nehmen und die Thesen eigenhändig anschlagen würde.

Georg Hermann erinnert sich

Meine Tante Janni kommt zu ihrer Freundin Pinchen – das mag so fünfundvierzig bis fünfzig Jahre her sein. Da hängt doch ein Bild an der Wand, nichts wie aufgeweichter Feldweg und abgeerntetes Kartoffelfeld und ein paar Feldarbeiter und Feldarbeiterinnen. »Um Himmels willen, liebes Pinchen, was ist denn das bloß?« ruft Tante Janni entsetzt.

»Ach«, sagt Tante Pinchen entschuldigend, »weißt du, mein Max ist doch Maler, er liebt solche Motive, er findet das nämlich schön.«

Heute ist das Bild der Stolz der Berliner Nationalgalerie.

Sammler*

Geheimrat Arnhold sagte mir mal, daß er sich jeden Morgen seine Bilder ansieht. Dann brächte er in sein Büro immer ein Quantum Freude mit, das ihn für manchen Ärger des Tages entschädigt.

Wettlauf zwischen Dackel und Kaninchen

Auf den Spaziergängen wurde Liebermann meist von seinem Dackel Männe begleitet. Gewöhnt, sich in freier Wildbahn auszutoben, war der Hund auch bei Besuchen in Gärten schwer zu bändigen, zumal Liebermann kein gestrenger Herr war. So geschah es, daß der Dackel im Garten des Malers Philipp Franck einen Wettlauf mit einem Kaninchen begann und danach das Kaninchen zu Tode beutelte. Nun war aber das arme Tier nicht irgendein Wildkaninchen, sondern ein zahmer Stallhase, der Liebling des Malersohnes. Der Vater versuchte, die Geschichte dem berühmten Gast zuliebe herunterzuspielen, aber Liebermann war sichtlich geknickt.

Am nächsten Tag erhielt Franck eine hübsche Handzeichnung und einen Entschuldigungsbrief: »Verehrter Herr Kollege, um die greuliche Szene, die mein Hund bei Ihnen produziert hat, etwas zu verwischen, erlaube ich mir, mit beifolgenden paar Strichen eine etwas liebenswürdigere Situation zu übersenden. Wollen Sie die Zeichnung behalten und verzeihen, was Männe in seiner Hundenatur getan.«

Bei einem späteren Besuch versicherte er Franck, die Wannsee-Skizze sei kein Entgelt für den Karnickelbock, sondern Ersatz für die ausgestandenen Schrecken von Vater und Sohn.

Nicht alle Karnickel sind gleich

Ein Akademiediener hielt sich im Garten hinter dem Hohen Hause ein paar Kaninchen, die er manchmal frei herumhoppeln ließ. Eins davon erspähte Liebermanns Dackel, jagte es und würgte es zu Tode.

Den Vorwürfen des Akademiedieners hielt Liebermann entgegen, das rüde Verhalten gehöre zur Natur eines Dackels, aber er werde ihn trotzdem bestrafen.

»Was hab ich davon, wenn Sie Ihren Hund bestrafen«, sagte der Diener. »Ich fordere Schadenersatz, sonst werde ich überall erzählen, daß der Akademiepräsident mit einem halbverhungerten Hund spazierengeht!«

Liebermann dachte an seine und Männes Reputation, griff in sein Portemonnaie und gab dem Akademiediener ein Dreimarkstück.

Interview mit Dackel

Ein einziger Stuhl steht in dem sonst so freundlichen Zimmer der Wannseer Villa, in dem Liebermann seine Gäste empfängt. Auf diesem Stuhl sitzt der Meister selbst. Dem Besucher steht kein Stuhl zur Verfügung. Liebermann ist kein Freund von Interviews.

»Wat wolln Se denn eigentlich von mir?«

Der Journalist, mit dem Hut in der Hand, trug seine Bitte vor.

Schon stand Liebermann auf: »Det mach ick nich. Wat soll ick Ihnen vorschmusen? Ick bin Maler und kein Informationsbüro. Vasteen Se?«

Der Journalist antwortete nur mit einem verlegenen Lächeln. Da erschien in der Tür ein Dackel, langsam mit freundlich wedelndem Schwanz kam er dem Journalisten entgegen und blieb erwartungsvoll stehen. Der Journalist kniete neben ihm nieder und streichelte ihm das Fell.

Liebermann setzte sich wieder und fragte: »Lieben Sie Hunde?«

Statt einer Antwort machte es sich der Journalist auf dem Fußboden bequem und nahm den Dackel auf den Schoß und kraulte ihm den Bauch, was dem Dackel sichtlich gefiel. »Wenn mein Dackel so freundlich zu Ihnen ist, muß ich Ihnen wohl doch etwas erzählen«, sagte Liebermann.

Dann schilderte er, wie er schon von Kind auf nicht nur gezeichnet, sondern auch getischlert, gezimmert, kurz, gehandwerkert habe. Bis vor siebzig Jahren die berühmte Malerin Antonie Volkmar sein Talent entdeckte und die Eltern veranlaßte, ihn im Atelier von Steffeck künstlerisch ausbilden zu lassen.

»Det interessiert aber keinen Menschen«, brauste er plötzlich auf, verärgert darüber, daß er sich durch die Freundlichkeit seines Hundes hatte zu einem Interview verleiten lassen. »Schreiben Sie lieber über junge Talente, die Kohldampf schieben«, knurrte er.

Der Journalist erhob sich und sagte: »Das wollen wir gern tun. Vielleicht kann uns der Herr Professor junge Talente nennen, die gefördert werden müssen?«

Liebermann nickte heftig: »Det is richtig, det müssen Sie sofort machen. Um die Jungen müssen Sie sich kümmern!«

»Könnten Sie mir also einige junge Talente nennen, Herr Professor?«

Da überlegte Liebermann eine Weile und sagte:
»Wissen Sie, lieber Freund, det dürfen Sie aber nich
schreiben – es gibt ja keene!« (Geza von Cziffra)

Kompliment

Mit hartnäckigen Bitten hatte ein Kunstsammler
Max Liebermann dazu gebracht, seine Gemäl-
degalerie zu besichtigen. Nach seiner Ansicht über
die Qualität der Bilder gefragt, antwortete Liebermann: »Das einzige Original in Ihrer Galerie sind Sie
selber, verehrter Freund; wobei ich noch zugebe, daß
von den vielen Perücken die Ihre am besten echte
Haare vortäuscht.«

Technik

Einen Kunstjünger, der genau wissen wollte, was bei
einer Radierung mit kalter Nadel und was mit
heißer gemacht worden sei, fertigte Liebermann mit
der Bemerkung ab: »Man kann auch den Finger im
Dreck stippen und es damit machen; die Hauptsache
is, ob's gut wird oder schlecht.«

Ähnlichkeit

Gerhart Hauptmann, der mit der Ähnlichkeit seines
Porträts nicht zufrieden war, entgegnete Liebermann ärgerlich: »Ich habe Sie ähnlicher gemalt als Sie
sind!«

Preise

Der Kunsthändler Paechter, auch Japanpächter genannt, war bekannt für seine Sammlung ostasia-
tischer Malereien und Farbholzschnitte. Liebermann

erwarb einige solcher Stücke, als er noch nicht zahlungskräftig war, durch Tausch. Das Geschäft wickelte sich so ab: Paechter, vormittags: »Unter tausend Mark ist der Hokusai nicht zu haben.«

Liebermann, nachmittags: »Ja, guter Herr Paechter, für weniger als tausend Mark ist bei meinem Aquarell nichts zu machen.«

Paechter, am nächsten Tag: »Denken Sie nur, ein erstklassiger Utamaro ist heute unter tausend Mark nicht zu haben.«

Liebermann: »Man sollte es nicht glauben, tausend Mark zahlen sie jetzt schon für eine kleine Studie von mir.«

Geschäftssinn

Ein Industrieller, den Liebermann porträtierte, brachte für seine Frau aus Italien einen Ballen Goldsamt mit, den er ihr schenken wollte. Liebermann sah den Samt und entschied: »Det muß ick haben!«

»Dreihundertfünfzig Lire, ohne Transportkosten.«

»Det kann ick nich zahlen«, brummte Liebermann. »Suchense sich 'n Bild aus.«

Der Geschäftsmann nahm eine Studie zu den »Waisenmädchen« mit, schenkte sie seiner Frau. Jahre später erwarb sie die Nationalgalerie, und als der Verkäufer die Kaufsumme in Goldsamt umrechnete, konnte er sich eines Lächelns nicht erwehren.

Kunsthistoriker

Einem Kollegen, der Kunsthistoriker für überflüssig erklärte, widersprach Liebermann: »Wenn die nicht wären, wer soll denn sonst nach unserem Tode unsere schlechten Bilder für unecht erklären?«

Sport*

Ich glaube ganz bestimmt, daß die durch den Krieg hervorgerufene Überschätzung des Bizeps der Grund für die Verwilderung der Jugend ist. Ich bin nicht gegen den Sport, aber er soll den Leuten nicht aufgezwungen werden. Sport zur Erholung, schön. Aber nicht zum Selbstzweck. Eigentlich bin ich doch gar nicht mehr von heute, sondern von vor drei Generationen. In meiner Jugend sind wir auch geritten, geschwommen und gerudert, aber nur zum Vergnügen. Jetzt ist das ganze eine forcierte Angelegenheit ... Pinder hat recht in seinem Buch über die Soziologie der Kunst. Nur verwechselt er Wirkung und Ursache. In Freiburg hat der Heidegger mal ne gute Rede darüber gehalten. Das sind so Überbleibsel der früheren gebildeten Generation.

Die Witwe

Geheimrat von Tschudi, der von Berlin nach München übergesiedelt war, vermißte vieles in seiner neuen Umgebung. Vor allem fehlte ihm der freundschaftliche Verkehr mit Max Liebermann. Der Bildhauer Toni Stadler faßte das in dem Satz zusammen: »Der Herr von Tschudi kommt mir vor wie eine Witwe, die immer rumläuft und jammert: ›So a lieber Mann, mein lieber Mann, so was findens nimmer!‹«

Gemüt

Eines Abends saß Walter Rathenau in Liebermanns Arbeitszimmer und erwartete den Meister mit seinem Skizzenblock. Der kam aber mit einem Manuskript und las ihm einen Aufsatz über den Maler Israels vor, den er tags zuvor verfaßt hatte. Es war ein formvollendeter, bildhafter Text. Nachdem er geendet hatte, fragte er: »Na, wat sagste dazu?«

Rathenau überlegte ein Weile und sagte: »Famos, aber ich habe immer auf ein Wort gewartet, und das kam nicht.«

»Da bin ich aber gespannt, auf welches Wort ein deutscher Außenminister wartet!«

»Das Wort Gemüt.«

Liebermann gab keine Antwort, holte seinen Skizzenblock und fing zu zeichnen an.

Als Rathenau später den Aufsatz las, fand er an der Stelle, für die er sich Gemüt gewünscht hatte, das Wort Phantasie.

Das Verhältnis

Zu einem Käufer, der ihn zur Vielmalerei überreden wollte, sagte Liebermann: »Mein Herr, ich bin nicht mit der Kunst verheiratet, ich habe ein Verhältnis mit ihr.«

Schein*

Die Kunst hat es nur mit dem Schein und nicht mit dem Sein zu tun. Der Künstler sieht nur seine Vision von der Wirklichkeit, und je unverfälschter er seine Vision im Bilde wiederzugeben imstande ist, desto überzeugender wirkt er, das heißt, desto wahrer ist er.

Unmoralisch*

Da kam einer im Kriege und in der Inflation zu mir, der brachte Fleisch und Butter und andere gute Sachen. Und nahm Bilder dafür – naja, damals hatten wir ja alle nischt zu fressen. Aber als det alles vorbei war und es das neue Geld gab, wollte der immer noch Bilder von mir haben, fürn Appel und 'n Ei. Nun hatte ich aber erfahren, daß er damit handelte und sehr unfein. Da gab ich ihm natürlich keen Bild mehr. Den ersten Prozeß verlor ich und den zweiten auch. Der Mann hatte seine Beziehungen! Aber beim Reichsgericht verlor er. Das sei unmoralisch, sagte das Reichsgericht.

Angemessen

Ein Berliner Raffke wollte seine Frau von Max Liebermann malen lassen und bat ihn, sich vorher die Wand anzusehen, an die das Bild kommen sollte, damit es sich gut in den Raum füge.

»Mach ick nich«, sagte Liebermann. »Sie sollten sich lieber um das Porträt herum ein Haus bauen lassen.«

Expertise

Eines Tages war Liebermann zum Diner eingeladen, und der Hausherr zeigte ihm, mit der Bitte um Begutachtung, ein soeben erworbenes »altes« Bild. Liebermann warf einen Blick darauf und sagte ausweichend: »Hör'n Se mal – wenn ick Hunger habe, halte ick keen Bild für echt!«

Das Gemälde wurde schleunigst weggeräumt und nach dem Essen nochmals vorgeführt. Liebermann machte ein verzweifeltes Gesicht und äußerte: »Tja, wissen Se, nach dem Essen is det bei mir noch schlimmer!«

Nicht doch

Eine Dame, die Max Liebermann in seinem Atelier besucht hatte, verabschiedete sich von ihm mit den Worten: »Herr Professor, das war die schönste Stunde meines Lebens!«

Liebermann klopfte ihr freundlich auf die Schulter und meinte: »Junge Frau, das wollen wir doch nicht hoffen!«

Trost

In einem überspannten Brief bat eine Amerikanerin um ein Autogramm des Meisters. Liebermann schrieb auf eine Ansichtskarte: »Zur Erinnerung an die angenehmen Augenblicke, die wir verleben, wenn wir uns nicht kennengelernt haben werden.«

Entweder oder

Eine reiche, eingebildete, aber keineswegs schöne Dame wollte von Liebermann porträtiert werden. »Herr Professor«, begann sie das Gespräch diplomatisch, »ich möchte mich von Ihnen malen lassen. Es muß aber wirklich ein hübsches und ähnliches Bild werden.«

Liebermann antwortete: »Gnädige Frau, da müssen Sie sich schon für das eine oder das andere entscheiden!«

Großzügig

Auf einem Empfang, den ein berühmter Komponist gibt, der gerade zum fünften Male geheiratet hat, wird Liebermann vom Hausherren gefragt, ob er der neuen Gattin vorgestellt zu werden wünsche.

»Nee, danke«, erwiderte Liebermann. »Die Dame überspring ick.«

Diplomatenschläue

Bernhard Fürst von Bülow, vor seiner Reichskanzlerschaft im Diplomatischen Dienst tätig, ließ sich von Liebermann zeichnen. Der Künstler verwarf mehrere Entwürfe mit der Bemerkung: »Det war nischt; Diplomaten müssen besonders schlau aussehen.«

Zäh

Oskar Fried führte Beethovens Neunte auf und lud Max Liebermann dazu ein. Nach dem Konzert wollte er die Meinung des Meisters hören.

»Die is nich totzukriegen«, sagte Liebermann.

Hoffnung

Liebermann hatte es übernommen, das Töchterchen von Wilhelm von Bode zu malen. Bei den Sitzungen langweilte sich das Mädchen entsetzlich. »Ist das

Bild fertig?« fragte sie nach der soundsovielten Sitzung.

»Ja, das Bild ist fertig«, erwiderte Liebermann.

»Und nun kommt das Bild zu Papa ins Museum?«

»Ja.«

»Kriegt es dann einen goldenen Rahmen?«

»Ja, dann wird es eingerahmt.«

Das Mädchen sieht Liebermann erwartungsvoll an und fragt: »Und dann wird es wohl auch schön?«

Approximativ

In einer Buchhandlung sagte Max Liebermann: »Mir is da son oller chinesischer Schmöker empfohlen worden. Heißt so ähnlich wie Eisbein und Edeljazz.«

»Eisherz und Edeljaspis«, flötete die Buchhändlerin.

Autogramme[*]

Die Autogrammjäger belästigen mich doll. Jeden Tag kommen Schnorrbriefe aus Ungarn, Böhmen und so weiter. Da hab ick ne Karte drucken lassen: »Wer mir ne Quittung schickt, daß er zwanzig Mark an die Liebermann-Stiftung für arme Künstler eingezahlt hat, der kriegt ein Autogramm. Die Adresse an den Autogrammbettler laß ick aber mit der Maschine schreiben. Da solltn Sie mal sehn, wie wenige was für arme Künstler übrig haben. Von hundert schicken mir höchstens einer oder zwei die Quittung ein!«

Ein Witz

Anton von Werner war gestorben, und es mußte ein neuer Direktor für die Hochschule für Bildende Kunst ernannt werden. Der Kaiser führte Beratungen durch, unter anderem auch mit Generaldirektor Wilhelm von Bode. Der Direktor empfing den Kaiser am Eingang des Museums, beide fuhren im Fahrstuhl nach oben, und Majestät fragte beiläufig, wer an Anton von Werners Stelle kommen solle.

Bodes Antwort lautete: »Natürlich Max Liebermann!«

»Famoser Witz!« krähte der Kaiser und bekam einen Lachanfall.

Erdgeist

Eines Tages passierte mir ne merkwürdige Geschichte«, erzählte Liebermann. »Es klingelt, und ein Herr läßt sich bei mir melden. Er wird so dringend, daß ich selber rausgehe. Vor mir steht ein Mann mit sieben Bärten. Hier ein Bart und da ein Bart, an der rechten Seite einer und an der linken Seite einer und am Kinn auch noch 'n Zickel. Er hieß Frank Wedekind, und ich bedauerte, ihn nicht zu kennen. Er erzählte mir, er wär am Tag vorher zu einer Vorstandssitzung in der Freien Bühne gewesen, also bei Brahm und so weiter, da habe er ein Stück vorgelesen. ›Der Erdgeist.‹ Und da hätten alle gesagt, er solle bei mir vor einem größeren Kreise vorlesen, in meinem Salon, um die Wirkung auf Nichtschriftsteller zu erproben.

Ich sage: ›Ich kenn Ihr Stück ja gar nicht.‹

Da holt er aus dem Mantel ein Manuskript, drückt es mir mit der Bemerkung in die Hand: ›Lesen Sie zuerst Frühlingserwachen, das hab ich vor dem Erdgeist geschrieben. Ich komm in ein paar Tagen wieder.‹

Ich las ›Frühlingserwachen‹, fand es recht ungewöhnlich und gab meine Einwilligung zur Lesung aus dem ›Erdgeist‹. Ich lud vor allem die Friedrichshagener ein, Julius und Heinrich Hart, Bruno Wille, Wilhelm Bölsche, Fritz Mauthner, Otto Erich Hartleben, Ludwig Fulda und tutti quanti.

Wedekind las, und wir saßen alle um ihn rum, ne richtige Boheme-Gesellschaft. Nu ist der Erdgeist ja ein ernstes Stück, an jedem Aktschluß bringt sich einer um. Aber Wedekind las so überzogen tragisch, daß wir alle fürchterlich lachen mußten. Wir rutschten von den Sesseln und wälzten uns auf dem Boden – Wedekind war nicht aus der Fassung zu bringen und las bis zum bittern Ende.

Die Freie Bühne nahm das Stück damals nicht an; man fürchtete einen Theaterskandal. Aber zehn Jahre später wurde es ein Bombenerfolg.«

Bedenkenswert

Meine Frau verlangt von mir, ich soll zu Hause ein Schaf sein und in der Welt ein Löwe«, behauptete ein Berliner Theaterdirektor.

»Is doch besser als umgekehrt«, bemerkte Liebermann.

Dichtung

Über sein Verhältnis zur zeitgenössischen Dichtung befragt, antwortete Liebermann: »Natürlich interessiere ich mich dafür. Ich habe den ersten Vorstellungen der Freien Bühne beigewohnt und war an der Redaktion des ›Pan‹ beteiligt. Aber in der Kunst ist es wie im Leben: Man kehrt immer zur ersten Liebe zurück, und die heißt nu mal Goethe.«

Atelierplauderei

Ich habe das, was Maupassant l'esprit de la rue nennt, zu Hause bin ich meistens brummig. Nur wenn det Kindchen da is, werd ick freundlich. Ich muß immer denken, daß ich da schuld dran bin, und es is doch eigentlich ne Gemeinheit, so ein armes Ding in die Welt zu setzen. Nu muß man ihm das Leben wenigstens angenehm machen. Man kann ja nie wissen, wie's ihm später geht. Dem Kind kann ich keinen Wunsch abschlagen.«

Auf die Bemerkung, da mache er aber dem zukünftigen Ehemann des kleinen Mädchens das Leben schwer, antwortete der Maler: »Det Ekel haß ick schon jetzt!«

Rausch

Wenn ich bei Liebermann war, ist mir immer, als ob ich Sekt getrunken hätte«, behauptete Bruno Cassirer.

Philister

Auf seine disziplinierte Lebensweise wies Liebermann des öfteren hin. »Ich halte mich wie ein
Rennpferd«, sagte er einmal. Seinen Tagesablauf beschrieb er so: »Bei mir geht alles nach der Minute.
Aufstehen, Frühstück, Mittag, Abendbrot – immer
pünktlich! Das ist die beste Grundlage für ne gute
Arbeit. Für Gerhart Hauptmann bin ich deshalb der
größte Philister. Wenn Philister was Gutes schaffen –
warum nich?«

Beruf*

Es ist ja ne feine Sache, daß ick nu schon über sech-
zig Jahre an dem Geschmiere mit Farben Gefallen
finde – aber komisch is et auch.

Beunruhigung

Als er nach langem Sommeraufenthalt im Wannsee-
Landhaus in die Wohnung am Pariser Platz
zurückkehrte, fragte ihn ein Freund nach seinem
Befinden.

»Nich jut«, lautete die Antwort. »In diesem Sommer habense mir fünfzehn Bilder bezahlt. Ick hab aber
bloß dreizehn gemalt.«

Film

Als Liebermann zum ersten Mal im Atelier gefilmt
wurde, arbeitete er mit der gewohnten Ruhe.
Dann ließ er sich einige Streifen vorführen, die andere Künstler bei ihrer Tätigkeit zeigten, und er be-

merkte, daß sie schneller arbeiteten. »Donnerwetter, ham die een Tempo drauf«, sagte er kopfschüttelnd und verlangte nach einer neuen Aufnahme seiner eigenen Arbeit.

Als der neue Film gedreht wurde, zeigte sich ein verwandelter Liebermann. Ein umfassender Blick auf das Modell, rasch über das Papier zuckende Hände, ein zusammengepreßter Mund, schließlich eine befriedigte Miene und der erleichterte Seufzer: »Na bitte, det kann ick ooch!«

Abwehr*

Nee, ich will nicht schreiben. Man macht sich schon unbeliebt, wenn man die Leute malt, warum soll ich da auch noch dichten? – Ick soll bloß diktieren? Nee, ich kann das Mitstenographieren nicht leiden. Mir wird schon schlecht, wenn ich nur den Stenographen sehe. Warum soll ich was sagen? Die Leute halten sowieso das Gegenteil für richtig. Nee, nicht ums Verrecken!

Kannitverstan*

Sie haben was nicht verstanden? Das gibts nicht. Wenn man ein gebildeter Mensch ist, darf man nicht sagen, man hat was nicht verstanden. Man kann sogar Kant verstehn, wenn man sich Mühe gib. Die Leute sind nur zu faul, sie wollen beim Lesen nicht denken. Wenn mich ein Buch nicht zum Denken anregt, dann schmeiß ich es in die Ecke.

Anerkennung

Als Liebermann die Holzstiche vorführte, die Bangermann nach seinen Zeichnungen gefertigt hatte, sagte er: »Zum Zeichnen gehört schon Sitzfleisch. Aber zu der Arbeit – also, da müßt ick vier Arschbacken haben!«

Wohnungsvermittlung

Ein Dialog zwischen Max Liebermann und Julius Elias

E.: Ich hab gehört, Meister, bei Ihnen im Hause wird eine Wohnung frei; ich weiß da eine famose Mieterin.

L.: Die Wohnung is schon so gut wie vergeben. Ich hab da einen gewissen Mayer aus Hamburg und den kubanischen Gesandten.

E.: Dann würd ich an Ihrer Stelle die Wohnung dem kubanischen Gesandten geben.

L.: Warum?

E.: Erzähl ich Ihnen später.

Einige Tage darauf.

E.: Na, haben Sie den Vertrag mit dem kubanischen Gesandten gemacht?

L: Nee, ich hab die Wohnung Mayern aus Hamburg gegeben, sehr nette Leute. Nu erklären Sie mir bloß, warum Sie mir den kubanischen Gesandten aufschwatzen wollten.

E.: Na, wegen der Havanna-Importe, die Sie hätten billig von ihm beziehen können. Der Mann kriegt sie zollfrei!

L.: Donnerwetter! Warum haben Sie mir nicht gleich gesagt, daß Havanna in Kuba liegt?!

Hindenburg*

Neulich hat ein Hitler-Blatt geschrieben, es wäre unerhört, daß ein Jude den Reichspräsidenten Hindenburg malt. Über so was kann ich nur lachen, und ich bin überzeugt, Hindenburg lacht auch darüber. Ich bin doch nur ein Maler; was hat die Malerei mit dem Judentum zu tun?

Personenschutz*

Der Zionismus ist eine edle Bestrebung, aber für mich ist das nichts. Glauben Sie, daß mein Vetter Walther Rathenau nicht ermordet worden wäre, wenn er kein Jude gewesen wäre? Den schrecklichen Tag kann ich nicht vergessen, als mein Nachbar in Wannsee heulend in den Garten kam und schrie: »Der Walter ist ermordet!«

Als Akademie-Präsident bekam ich einen anonymen Brief. Ich sollte binnen dreier Tage zurücktreten, oder man würde mich abknallen. Ich hab den Wisch in den Papierkorb geworfen und dachte nicht weiter dran. Ein paar Tage später, als ich mit meinem Dackel spazierenging, merkte ich, wie mir ein Mann auf Schritt und Tritt folgte. Schließlich fragte ich den Kerl, ob er was von mir wolle. Es war ein Geheimpolizist, der über mein teures Haupt wachen sollte. Im Ministerium des Innern hatte man von der Drohung Wind bekommen und mir einen Polizisten zugeordnet, was mir aber sehr lästig war. Ich bat den Mann, mich allein spazierengehen zu lassen.

Judentum

Liebermann empfindet bitter den passiven Widerstand, auf den er vor allem in den höheren Regionen der Gesellschaft stößt. Die natürliche Folge ist, daß er überempfindlich wird und sein Judentum ostentativ betont, mehr als ihm und uns förderlich ist, weil die Begriffsverwirrung nur gesteigert wird, wenn er sich zu Behauptungen versteigt, die sich aggressiv gegen die Nation richten, in deren Schoß er geworden ist, was er ist. Niemals werde ich einen Winternachmittag in seinem Atelier vergessen, als ich zu ihm gegangen war, um für einen mittellosen Künstler eine jener Unterstützungen zu erbitten, die er in der Stille reichlich und gern gibt. Er selbst führte das Gespräch auf sein Judentum. Und während es im Atelier immer dämmeriger wurde, ging der Dreiundsechzigjährige rastlos im Raum umher, zitternd vor Erregung und Leidenschaft, sich in seiner Rede überstürzend und in Augenblicken zu einer fast alttestamentlichen Heftigkeit der Empfindung emporwachsend. Es hatte etwas Erschütterndes, aus dem bedeutenden Altersantlitz dieses ruhmreiche deutschen Künstlers die Züge Ahasverus, des ewigen Wanderers, hervorblicken zu sehn, den Anklagen zuzuhören, denen nichts zu entgegnen war, weil sie von diesen Lippen kamen.

Niemals habe ich stärker als in diesem Augenblick empfunden, wie tief Liebermann dem Deutschen verbunden ist, wie sehr er das Land liebt, in dem er lebt und arbeitet.

Warum nicht

Dr. Kaeber, der Archivar der Stadt Berlin, hatte zum achtzigsten Geburtstag Liebermanns einen Beitrag für eine jüdische Wochenschrift geschrieben. Liebermann wußte nicht, daß Dr. Kaeber kein Jude war, und der Autor erklärte entschuldigend, daß er ja als christlicher Historiker, der er sei, auch mal in einem jüdischen Blatt schreiben könne.

»Warum nicht«, meinte Liebermann, »an christlichen Zeitungen schreiben ja auch genug Juden!«

Berlin

Liebermann will mit all seinen Paradoxen sagen, daß er Berlin für das Herz der modernen deutschen Kunst hält. Er hat den rechten Instinkt, daß nur von Berlin ein deutscher Impressionismus ausgehen konnte, daß die Erneuerung unserer Malerei im Sinne des Impressionismus eine unabwendbare Notwendigkeit ist. Was ihn, den modernsten deutschen Künstler, an Berlin fesselt, ist, daß die Reichshauptstadt die modernste und lebendigste unter den deutschen Städten der Gegenwart ist. Liebermann will nicht nur als Berliner erscheinen, er ist es wirklich. In seiner Gestalt ist das Berliner Kulturklima, er »symbolisiert« Berlin. Er ist der Berliner des neuen Reiches, der sich ehrgeizig zum guten Europäer gemacht hat. Seine Gestalt kann aus der Gesellschaft der Hauptstadt nicht mehr fortgedacht werden, weil sie ein Mittelpunkt geworden ist. In dieser Hinsicht nimmt er die Traditionen wieder auf, die in feingeistigen jüdischen Salons, im Hause der Rahel Varnhagen, der Henriette Hertz, der Bartholdys einst geknüpft worden sind.

Irrtum

Der Zeichner Hans Meid übermittelte dem Berliner Tageblatt einen Ausspruch Max Liebermanns, den die Zeitung am 30. Juli 1927 veröffentlichte. »Wissense, das mit dem Antisemitismus wird erst was werden, wenns die Juden in die Hand nehmen!«

Esprit

Liebermanns Esprit hat etwas Fanatisches und Einseitiges; er ist in all seiner spröden Grazie immer aggressiv und unduldsam. Er ist das Gegenteil von Humor. Natürlich ist er nicht ohne Eitelkeit; das kann ein so bewußt kultivierter Witz gar nicht sein. Darum ist Liebermann kein guter Zuhörer. Er kann gut sprechen, aber ein Gespräch gut führen kann er nicht, weil er eigentlich nur auf sich selbst hört. Aber er hat sich dieses Recht auf Rücksichtslosigkeit erobert. In der Berliner Gesellschaft machen seine Witzworte, die immer neue Kunstgedanken in sich bergen, die Runde, und wohin der Künstler kommt, horcht man auf das, was er zu sagen hat. In dieser Hinsicht hat er das Ohr der Nation wie wenige. Dabei ist die Ethik des Liebermannschen Witzes im Grunde sehr ernst.

Wirkung[*]

Wenn ich Kunst betrachte, wird mir oft ganz unheimlich zumute.

Tarnung

Wenn Liebermann Zeichnungen und Skizzen zeigt, wiederholen sich fortwährend die Worte: »Mein Enkel – meine Tochter – meine Frau – mein Enkel!« Es sind die Personen, die er am öftesten sieht, und immer wieder verlockt es ihn, eine Haltung, eine Bewegung oder einen Lichtreflex mit dem Stift festzuhalten. Bei den Bildunterschriften soll aber nicht offenkundig werden, daß er dauernd seine Verwandten malt. Diplomatisch erklärt er. »Meine Frau und meine Tochter, die wollen nicht immerzu genannt sein. Also heißt es eben ›Lesendes Mädchen‹ oder ›Beim Strümpfestricken‹ ...« Aber beim Kramen nennt er die Blätter doch wieder. »Mein Enkel – meine Tochter – meine Frau – mein Enkel!« Am liebevollsten spricht er aus: »Mein Enkel!«

Erzieher der Reichen

Liebermann gibt sich in allem als ein moderner begüterter Bürger des westlichen Berlins, er unterwirft sich ganz den gesellschaftlichen Gewohnheiten der Kreise, wohinein Geburt und Arbeit ihn gestellt haben, und er beweist, daß man bei alledem ein sehr einflußreicher und unbedingter Künstler sein kann. Es gibt in seinem Leben keine romantischen Italienfahrten und keine dramatischen Verwicklungen; er ist vielmehr manches Mal mit dem Eilzug nach Paris gefahren, hat Italien nicht viel anders besucht, wie Tausende von deutschen Romfahrern es tun, er ist jahrelang im Sommer in die holländischen Bäder gefahren, um dort zu malen, und hat sich neuerdings in Wannsee ein Sommerhaus gebaut, wie es die Tiergartenleute zu tun pflegen. Bei alledem aber hat er nie auch nur das geringste von seiner Eigenart der Gesellschaft geopfert, nie hat er Konzessionen gemacht; im Gegenteil hat er es verstanden, eine ganze ihm verwandte Gesellschaftsschicht mit der Zeit zu seinem Kunst- und Lebensniveau hinzuziehn. Er hat, eben weil er sich nicht absonderte, in die westliche Berliner Gesellschaft eine neue, sehr respektable Kunstgesinnung gebracht und damit viel Förderndes bewirkt. In das oft sehr oberflächliche Getriebe der oberen Zehntausend hat er im Laufe seines langen Wirkens solidere Kunstideen und etwas von dem Geist des alten holländischen Käuferpublikums gebracht. Er hat den altberliner Pioniergeist durch seine Art und seine Lebensweise wieder zu Ehren gebracht. Und ein wenig auch wieder jenes französisch geschulte Berlinertum des alten Fritzen, das mit Behagen sarkastisch geistreiche Wortspiele und Aussprüche formte, daneben aber den Spreewald und die Warthegebiete kolonisierte.

Kollegen

Liebermann arbeitete 1873 in seiner Weimarer Wohnung an einem Bilde, das einmal »Arbeiter im Rübenfelde« heißen sollte. Sorgfältig hatte er zu jeder einzelnen Figur Studien im Freien gemacht. Da sagte ihm der Maler Gussow: »Du brauchst dein Bild nicht zu malen; das hat schon ein anderer gemacht.« Und er zeigte ihm die Reproduktion eines italienischen Bildes, auf dem ebenfalls eine Reihe von Feldarbeitern zu sehen war. Liebermann kratzte daraufhin sein Bild von der Leinwand wieder herunter.

Zauber

Im Altmännerheim in Katwijk war ein Greis, an dessen Porträt Liebermann arbeitete, über Nacht gestorben. Daraufhin fand der Maler kein Modell mehr, weil die Alten glaubten, sie müßten sterben, wenn er sie malte.

Stolz

Auf sein Landhaus am Wannsee war Liebermann stolz, weil er es sich in anderthalb Jahren mit seinen Bildern verdient hatte. »Hätt ich es von meinem Vater geerbt, hätt ich es erwerben müssen, um es zu besitzen, wie es bei Goethe heißt. Det ick das in anderthalb Jahren schaffe, hätte mir keener gegloobt.«

Potsdam

Kennen Sie det?« fragte Liebermann den Schriftsteller Hans Ostwald und zeigte auf eine soeben gemalte Parklandschaft.

»Potsdam ...?«

Liebermann nickte zufrieden und sagte: »Der Neue Garten. Wir sind gestern bis an die Meierei gefahren und durch den Neuen Garten marschiert. Das ist die Erinnerung an den schönen Park. Ach, wissen Sie, Potsdam ist doch zu schön. Wenn wir in Wannsee sind, fahr ich fast jeden Abend rüber. Auf Potsdam laß ich nischt kommen. Das sind die schönsten Gärten, die ich kenne.«

Memoiren*

Meine Memoiren hab ich auch mal angefangen. Gott, wie viele haben mir schon zugeredet, ich sollte meine Erinnerungen schreiben. Erlebt habe ich ja genug, und angefangen hab ich auch mal. Wissen Sie, wie das kam? Vor dreißig Jahren hab ich mir mal den Fuß gebrochen. Da drüben, vorm Adlon. Damals wars noch Palais Graf von Redern. Das war im Winter, Glatteis – der Arzt machte mir'n Gipsverband und sagte: »Sechs Wochen liegen!« Da dachte ich, ich wollte doch schon immer über mein Leben schreiben, nu is Zeit dazu. Sie packten mich auf eine Chaiselongue, und da schrieb ich nun: Geburt, Studien in Berlin, Weimar, Paris, München. Da war ein halber Tag rum. Dann, am nächsten Tag, war Schnee gefallen. Und ich hatte die Aussicht nach dem Tiergarten! da konnt ich es nicht aushalten. Ich sagte zum Diener: »Bringen Sie mir 'n Pastellrahmen!« Und dann malte ich erst die eine Seite – Blick in den Tiergarten, und dann die andere Seite – raus nach den Linden. Na, da war ich wieder im Malen drin, und mit dem Schreiben war's vorbei.

Ratschlag*

Das sicherste Mittel, kein Kunstwerk hervorzubringen, ist die Absicht, eins zu machen. Wie Saul ausging, die Eselinnen seines Vaters zu suchen, und ein Königreich fand, so muß der Maler einzig und allein bestrebt sein, die richtige Farbe auf den richtigen Fleck zu setzen: Ist er ein Künstler, so findet er ein Königreich.

Definition*

Ich denke nie ans Malen; ich hab sogar eine gewisse Angst, daran zu denken. Außer, wenn ich ein fertiges Motiv erblicke. Dann mal ich.

Klassisch*

Es gibt so viele klassische Formen, wie es klassische Künstler gegeben hat und noch geben wird. Mit jedem Künstler vollendet sich die Form; und mit jedem folgenden wird sie neu geboren. Die Erstarrung der Form zum Dogma wäre Erstarrung der Kunst, das heißt ihr Tod.

Anschlüsse

Man muß die Geschichte der bildenden Kunst als eine Kette ineinandergreifender Glieder betrachten. Die Künstler, an die Liebermann sich als Suchender wandte – zuerst vor allem Millet und Courbet, später Manet und Degas –, kommen ebenfalls alle von lebendigen Traditionskräften her, sie alle haben sich selbst erst gefunden, als sie Anschluß an Vorgänger und Vorbilder gefunden hatten. Meistens vollziehen sich solche Anknüpfungen im eigenen Lande, innerhalb der nationalen Kunst; oft aber greifen sie über die Landes- und Zeitgrenzen hinüber. So sind die eben genannten französischen Künstler, denen Liebermann sich als Wahlverwandter anschloß, ohne die holländischen, spanischen und italienischen Traditionen gar nicht denkbar.

Liebermann tat, als er sich zuerst Millet und Courbet zuwandte, nichts als was diese vorher getan hatten. Der Unterschied war nur, daß wir kurz vorher mit den Franzosen einen Krieg geführt hatten. Davon aber braucht die Kunst nichts zu wissen, darf sie nichts wissen.

Künstlerschaft*

Setze zwanzig Maler vor dasselbe Modell, und es werden zwanzig ganz verschiedene Bilder auf der Leinwand entstehen, obgleich alle zwanzig gleichermaßen bestrebt waren, die Natur, die sie vor sich sahen, wiederzugeben.

Wie sich im Kopfe des Künstlers die Welt widerspiegelt, gerade das macht seine Künstlerschaft aus.

Motiv

In einem holländischen Dorf sieht Liebermann, wie eine Bauersfrau ein kleines Mädchen abhält. Er greift zum Skizzenbuch, macht einige rasche Striche und ruft vergnügt: »Den Hintern hätt ich!«

Jury

Jurysitzung. Alle Säle stehen voll von Bildern, mit der »Butterseite« gegen die Wand gekehrt. Die Diener nehmen Bild um Bild, tragen es zur Jury, und die meisten wandern in die Totenkammer.

Während dieser Prozedur rast der Dackel des Akademiepräsidenten Max Liebermann durch die Säle und kommt alle zwei Minuten an der Jury vorüber. Das geschieht auch, als das Monumentalgemälde Liebermanns »Samson und Delila« hereingebracht wird. Es ist zwar von vornherein angenommen, aber alle Jurymitglieder stehen davor, die meisten sehen es zum ersten Mal. Der Dackel hält in seinem Lauf inne, schnuppert an der frischen Ölfarbe, hebt das Bein und pißt an den Goldrahmen.

Gelächter setzt ein, Hausdiener Kulicke verscheucht das Tier und jammert: »Also nee – so wat muß mir passieren!«

Max Liebermann sagt: »Lassense man, Kulicke, wer weeß, ob die Kritiker det Bild besser behandeln werden.«

Unmöglich

Dem über mangelnde Detailtreue klagenden Dichter Richard Dehmel antwortete Liebermann: »Sie dürfen von einem Porträt nicht verlangen, daß es Mama und Papa sagen kann.«

Erleuchtung*

Ein Baron Berger war angemeldet, wegen eines Porträts. Als er ins Atelier trat, war mein erster Gedanke: So was kann man nicht malen. Drei Kopf

größer als ich, breit wie ein flämischer Kleider-
schrank. Das is ja kein Mensch, denk ich, das is 'n
Rhinozeros! Und dieser Vergleich war wie 'ne Er-
leuchtung. Ich wußte: So und nicht anders ist der
Kerl zu malen! Wenige Augenblicke später war die
Skizze fertig.

Gruppenbild

Justus Brinkmann, der Direktor des Hamburger
Kunstgewerbemuseums, war auf dem Wege nach
Moskau, wo er die Porzellansammlung des Grafen
Leon von Zubaloff katalogisieren sollte. An der Grenze nahmen russische Zöllner an seinem Paß Anstoß,
und es sah aus, als sollte Brinkmann die Einreise ver-
wehrt werden. Da kam ein Beamter der Zivilpolizei,
zog seinen Hut und fragte, ob er die Ehre mit Herrn
Direktor Brinkmann aus Hamburg habe. Hocherfreut
bejahte Brinkmann und fragte, woher ihn der Herr
Beamte kenne.

»Ich bin kürzlich in Berlin gewesen und habe Ihr
Porträt gesehn, das Max Liebermann auf dem Hamburger Gruppenbild des Professorenkonvents gemalt
hat. Wirklich erstaunenswert ähnlich!«

Zoologisches

Einige Zeit nach der Entlassung Bismarcks kam
Maximilian Harden zu Liebermann, erzählte, er
sei bei dem Alten im Sachsenwald gewesen. Bei
Tische sei die Rede auf Liebermanns Bilder gekom-

men, und da hätte der älteste Sohn gemeint, Liebermann sei mit ihm und seinem Bruder zur Schule gegangen. Das sei ein witziger Kerl, so recht geeignet, den Vater zu malen. Der Fürst und sie alle hätten daran sicher ihr Vergnügen. Harden bedrängte Liebermann, den Auftrag anzunehmen.

»Nee, ick will da nich als Clown am Tisch sitzen«, sagte Liebermann. »Dann erlauben sich diese Junker vielleicht irgendeine Brüskierung, und ick muß weggehn, ehe das Bild fertig is. Da geh ick lieber in einen Löwenkäfig!«

Anstand

Als Liebermann die Schauspielerin Else Lehmann malte, kam er ins Plaudern und vergaß schließlich, daß ihm eine Frau gegenübersaß, erzählte Anekdoten und Witze, wie sie nur unter Männern erzählt werden. Else Lehmann nahm das wortlos hin. Als das Bild fertig war, sagte Liebermann: »Sie jefallen mir! Mit Ihnen kann man wenigstens anständig reden! Wissense was – ich schenke Ihnen das Bild!«

Mommsen[*]

Warum ich Mommsen nicht gemalt habe? Er ist zu sehr der deutsche Professor aus den Fliegenden Blättern, der überall seinen Regenschirm stehenläßt. Er verleitet zur Karikatur. Aus dem gleichen Grunde habe ich die Modelle für meine Juden immer aus den Münchner christlichen Spitälern geholt.

Worauf es ankommt*

Auf Rembrandts »Judenbraut« sind Hendrikje und
Sohn Titus dargestellt. Rembrandt malt den Geist
der Juden, während Menzel ihr Äußerliches wieder-
gibt. So, wie es Leibl und Defregger mit den Tirolern
machten. Leibl erfaßte ihn innerlich, also malerisch,
Defregger literarisch, was für mich heißt, von außen.

Rembrandt als Erzieher

Um Liebermanns Verhältnis zu Rembrandt zu verstehen, muß man eine gewisse poetische Über-
tragungskraft haben; denn dieses Verhältnis ist sehr
unterirdisch. Es ist zarter und verschämter, menschlich verschwiegen. Zu Rembrandt ist nicht nur der
Maler, sondern auch der Jude hingezogen worden. In
jedem charaktervollem Juden lebt ja noch etwas von
der Stimmung des Alten Testaments wie ein ferner
Nachklang. Da Liebermann diese Stimmung genial
groß und doch auch anheimelnd und menschlich
schön wie nirgend sonstwo in Rembrandts Bildern
und Zeichnungen fand, so mag er auch von Seiten des
den Amsterdamer Judenvierteln so oft abgewonne-
nen Stoffes zu Rembrandt gezogen worden sein. Es ist
jedenfalls nicht zufällig, daß Liebermann diese Liebe
zu Rembrandt mit seinem Kunstgenossen und
Freund Joseph Israels teilte. Beide haben in Rembrandt offenbar noch etwas anderes verehrt, als nur
den großen Maler. Daneben hat Liebermann aber verstanden, was vor ihm keinem Deutschen gelang: er
hat unserer Malerei die lebendigen Traditionen bloß-

gelegt, die von diesem Menschheitsgenie in die Gegenwart und Zukunft führen. Es geht der Malerei mit Rembrandt ja ähnlich wie der Skulptur mit Michelangelo. Beider Stil ist berufen gewesen, »große Namen zu züchten«. Narren nämlich, die das Unnachahmliche nachmachen wollten. Nach zweieinhalb Jahrhunderten hat Liebermann den Deutschen gezeigt, in welcher Weise Rembrandt der modernen Malerei ein moderner Führer sein kann. Man findet den großen alten Realmystiker vor allem im Strich der Liebermannschen Zeichnungen. Der Moderne hat von dem Alten die malerische Kurzschrift gelernt, die »Kunst fortzulassen«.

Grundmuster[*]

Zwei alte Geschichten enthalten alles, was zu sagen ist über die Menschen: Samson und Delila und die Geschichte vom barmherzigen Samariter.

Kopien

Ein Kunstwissenschaftler zeigte Liebermann Fotografien von Kunstwerken und sprach von der vervielfältigten Erlebnismöglichkeit eines Kunstwerks.

Liebermann nahm eine seiner Rembrandtzeichnungen und eine Fotokopie. Dann sagte er: »Sehn Se, det is Rembrandt!« Dann zeigte er auf die Kopie und bemerkte: »Det is im besten Falle Lesser Ury.«

Karikatur[*]

Als ich vor länger als vierzig Jahren in Steffecks Atelier eintrat, um Maler zu werden, war ich ganz von Menzels Kunst erfüllt, aber Steffeck pflegte mich, wenn ich allzusehr schwärmte, mit den Worten abzufertigen: »Ach was, Menzel, der macht Karikaturen, Franz Krüger kann zeichnen!« Und besser, als er vielleicht dachte, hat er damit Menzel und Krüger charakterisiert, besonders wenn man unter Karikatur das versteht, was Ingres mit den Worten meinte: »In jedem guten Porträt muß etwas von Karikatur stecken.«

Goethe[*]

Die heutigen Dichter sind alle zu geistreich, sie haben aber nicht den göttlichen Geist, wie Goethe ihn hatte. Es gibt manchmal hundert Seiten bei Goethe, die furchtbar langweilig sind, aber doch ist mehr Geist darin, als bei allen heutigen Schriftstellern.

Lyrik[*]

Wenn ich male, möchte ich Leben malen. Für mich ist Lyrik der Begriff allerKunst. Was in der Malerei nicht Lyrik ist, das ist auch keine Kunst. Ich stehe auf dem Standpunkt, daß die Malerei fertig ist; genau so wie es für einen Weinstock Zeiten gibt, wo er keine Früchte trägt. Die Heutigen machen alles viel zu sehr mit dem Verstand, es wird ausgeklügelt, das ist keine Kunst mehr. Wenn man eine Blume richtig malt, dann kommt ein Kunstwerk zustande. Dann muß man nicht noch etwas dazuerfinden, was Kunst ist.

Romantik[*]

Alle Romantik ist Krankheit. Da halte ich es mit Goethe. Ist das nicht merkwürdig, daß die Präzeptoren der heutigen Malerei Cèzanne und van Gogh sind? Zwei Geisteskranke.

Nachwuchs[*]

Ich finde die heutige Malerei dämlich. Nachwuchs? Ich sehe keinen. Von den jungen Franzosen gefällt mir Braque.

Musil[*]

Man schickt mir viele Bücher, ich schaue alles an. Da hab ich jetzt diesen Roman von Musil gelesen, wie heißt er gleich? Richtig: »Der Mann ohne Eigenschaften.« Ein furchtbares Buch, aber hochinteressant. Wissen Sie, da kommt doch der Rathenau vor, das war ja mein Vetter, ich hab ihn gut gekannt. Mich wundert bloß, woher dieser Musil das hat. Er beschreibt ihn so eindringlich und rücksichtslos, wie nur jemand schreiben kann, der selbst den gleichen Charakter hat. Dieses Buch war eine große Überraschung für mich. Der Mann schreibt nicht leicht, aber der kann was, der weiß was.

Musik[*]

Wie ich Goethe liebe in der Dichtung, so Mozart in der Musik. Wagner finde ich ekelhaft. Aber nicht nur deswegen, weil er ein Antisemit war. Ich war einmal mit meiner Tochter im »Lohengrin«. Sie hatte noch nie was von Wagner gehört, aber mitten im ersten Akt sagte sie: »Komm, wir gehn!«

Zeichner[*]

Gute Zeichner sind Gulbransson und Heine. Bei Gulbransson kommt noch bei aller Bosheit eine grazile Liebenswürdigkeit im Strich hinzu.

Urheberrecht[*]

Das soll ich gesagt haben? Möglich. Wenn man mir einen Witz erzählt, den ich gemacht haben soll, dann höre ich mir ihn erst an: Wenn er gut ist, war er von mir.

Einsame Menschen

Im Januar 1890 besuchte Liebermann mit seinem Freunde Julius Elias die erste Aufführung von Gerhart Hauptmanns Drama »Einsame Menschen«. Er folgte dem Stück mit äußerster Anteilnahme. Alles in ihm war Spannung. Erregt flüsterte er: »Det is ne dolle Sache! Wie det innerlich arbeitet! Wie ne Zeichnung!«

Rohstoff[*]

Ein Bund Spargel, eine Rübe, ein Apfel oder ein mißgestalteter Zwerg, aus allem läßt sich ein Meisterwerk machen; allerdings mit dem nötigen Quantum Phantasie. Sie allein macht aus dem Handwerk ein Kunstwerk.

Form[*]

Jede neue Kunstströmung schafft eine neue Form. Aber die neue Form muß auch die Kraft in sich haben, eine neue Kunst zu erzeugen; denn, wie Kant sagt, es kann auch originalen Unsinn geben.

Korrektur[*]

Der Satz, daß die gutgemalte Rübe besser sei als die schlechtgemalte Madonna, gehört bereits zum eisernen Bestand der modernen Ästhetik. Aber der Satz ist falsch, er müßte lauten: Die gutgemalte Rübe ist ebenso gut wie die gutgemalte Madonna.

Genie[*]

Jedes neu aufstrebende Genie ändert den Geschmack: Der Künstler zwingt uns sein Schönheitsideal auf, und, ob wir wollen oder nicht – und meistenteils wollen wir nicht, weil das Neue ein Umlernen nötig macht –, wir müssen ihm gehorchen. Nicht der mächtigste Fürst, der Künstler allein zeichnet der Kunst die Wege vor, die sie zu verfolgen hat.

Doppelbildnis

Lovis Corinth, der in München zunehmender Ablehnung und Schwierigkeiten ausgesetzt war, wurde durch Leistikow und Paul Cassirer überredet, nach Berlin zu übersiedeln. Auf einem seiner Besuche im Winter 1899 kam er auch mit Liebermann zusammen. Beide Künstler porträtierten sich gegenseitig. Liebermann schrieb über dieses Treffen der Witwe Corinths:

»Ihr verstorbener Gatte hat mich in meinem Atelier gemalt und darauf am selben Tag ich ihn, natürlich zur gegenseitigen höchsten Unzufriedenheit. Trübner, der ein sehr gescheiter Kerl war, sagte mal: ›Es gibt keinen sichereren Grund sich mit jemand zu verzanken, als ihn zu malen.‹ Und wenns gar zwei Maler sind!«

Trieberweckung[*]

Es unterliegt keinem Zweifel, daß der ästhetische Sinn des Volks mächtig gehoben würde, wenn schon im Schüler der Sinn für Kunst geweckt würde … Gerade der wohltuende Eindruck soll dem Schulzimmer gegeben werden. Ich glaube, daß man einen Raum wohnlicher und anmutiger gestalten könnte, wenn man ihm vor allem gutes, helles Licht, besonders aber durch einen intensiv farbigen Anstrich ein freundliches Ansehen gäbe; Blumen vor den Fenstern, freie Plätze vor dem Schulhause, grüne Bäume, die lustige Reflexe in die Räume werfen, würden natürlich das Behagliche unendlich unterstützen. Ich glaube, daß der ästhetische Sinn des Schülers, der in solchen Räumen seine Schulzeit absolviert hätte, derartig geweckt würde, daß er die Öde und Leere nicht mehr ertragen würde. Und das wäre vor allem zu erstreben. Er würde dann versuchen, sich in seinen vier Wänden alles nett herzurichten; somit ist der Trieb zum Kunstgenuß in ihm geweckt.

Kindermalerei[*]

Wenn der kleine Moritz einen Kreis malt, dahinter zwei Punkte, zwischen die einen senkrechten und darunter einen waagrechten Strich macht, so ist das der bildliche Ausdruck seiner Phantasie für einen Kopf. Hat der kleine Moritz Talent zum Zeichnen, so wird er die individuellen Eigentümlichkeiten, zum Beispiel die große Nase seines Vaters oder den großen Mund seiner Mutter, beim Nachzeichnen gewaltig übertreiben. Aber hinter dieser Karikatur steckt vielleicht mehr Phantasie als in dem lebensgroßen Porträt in Öl des berühmten Professors so und so, der vor lauter Bäumen den Wald nicht mehr sieht und dessen Phantasie durch alles, was er erlernt hat, getötet ist.

Credo[*]

Ich halte es mit Schwind, der auf die Frage, wie er seine Zeichnungen mache, antwortete: »Ich nehme einen Bleistift in die Hand, und da fällt mir halt was ein.« Die Form wird unter dem Pinsel geboren. Maler mit großartigen Ideen sind schlechte Maler.

Bescheidenheit

Zilles Charakterkopf imponierte Liebermann, und er fragte ihn, warum er keine Selbstbildnisse male.

»Wenn ich mich früh beim Kämmen im Spiegel gesehn habe«, antwortete Zille, »dann hab ich genug von meinem Gesicht!«

Ratschlag

Nach Zilles Erfolgen auf den Ausstellungen der Berliner Sezession begrüßte ihn Liebermann mit den Worten: »Sie müssen doch jetzt mächtig Geld machen, wo Sie so jut verkoofen!«

»Nich wie Sie bei de Reichen!« antwortete Zille. »Ick verkoofe an kleene Leute, die können nich Dausende zahlen, denen muß ick die Freude schon billiger machen.«

»Zille, det is schön von Ihnen«, lobte Max Liebermann.

»Außerdem, Herr Professor«, ergänzte Zille bescheiden, »hab ick zu großen Respekt vor Leinwand und Öl. Ick kritzle lieber auf Papier, und det is billiger.«

»Dann kleben Se doch Ihre Zeichnungen uff Pappe und schmieren Lack drüber«, riet Liebermann. »Dann kriegen Se mehr Geld vor.«

Zille bedankte sich für den guten Rat, meinte aber: »Ick bleibe lieber bei meinem Kritzeln!«

Lebenslauf

Wurde ein neues Mitglied in die Akademie der Künste aufgenommen, mußte es am ersten Sitzungstag einen handgeschriebenen Lebenslauf überreichen. So nahm Akademiepräsident Liebermann 1924 auch Heinrich Zilles Selbstbiographie entgegen, ein engbeschriebenes Blatt. Nachdem er einige Zeilen gelesen hatte, sagte er: »Det is ja ganz ulkig; aber warum ham Se denn so kleen jeschrieben?«

»Es sollte alles uff eene Seite jehn«, antwortete Zille und fügte verschmitzt lächelnd hinzu: »Außerdem liest es ja doch keener!«

Liebermann, der wußte, wie recht Zille eigentlich hatte, antwortete: »Drum wern Se uns det jetzt selber vorlesen!«

Eine Lanze für Otto Dix[*]

Sehr verehrter Herr Dr. Secker!
Es ist mir in meiner sechzigjährigen Praxis zum Axiom geworden, daß über jedes neue Kunstwerk von neuem älteste ästhetische Dummheiten verbreitet werden, und zwar steht die Größe der Dummheit im quadratischen Verhältnis zur Bedeutung des Werkes. Was Wunder also, wenn jetzt ein Kritiker das Schützengrabenbild von Dix ein »tendenziöses Machwerk schlimmster Sorte« und »ohne jede künstlerische Bedeutung« nennt.

Was das Tendenziöse betrifft, so glaube ich, daß es kein Kunstwerk gibt oder geben kann, das nicht tendenziös wäre, wenn man unter Tendenz nach der wahren Bedeutung des Wortes die Absicht versteht, die Idee im Bilde lebendig zu gestalten. Dix wollte das Grauenhafte und Fürchterliche, was er durch vier Jahre in der vordersten Reihe des Schützengrabens erlebt hat, darstellen, um es sich von der Seele zu wälzen ...

Das Bild von Dix ist sozusagen die Personifzierung des Krieges. Nicht eine Episode des Dramas, wie sie seit Jahrhunderten bis auf Horace Vernet und seinen Epigonen Anton von Werner in den großen Kriegsmaschinen dargestellt wurden und werden, sondern den Krieg als fürchterlichstes Ding an sich wollte der Künstler im Schützengrabenbilde veranschaulichen, ohne Pathos und ohne bengalisches Feuerwerk. Wie der Historiker reihte er einfach eine Tatsache an die andere. Wie mir ein anderer Maler, Waldemar Roeßler, acht Tage vor seinem Selbstmord geschildert hat.

Dix sagt: »Seht euch mein Bild an! So sieht's im Schützengraben aus!« Und er hat nicht nur das Recht, sondern auch die Pflicht, es uns zu sagen, weil ihm ein Gott gab zu sagen, was er gelitten und geduldet hat ...

Ich halte das Bild von Dix für eines der bedeutendsten Werke der Nachkriegszeit ...

Rat*

Et is jut, wenn sich mal son Maler die Hand bricht und mit der andern janz langsam wieder von vorne anfängt. Da wird er den virtuosen Schlenker los, den er sich fürs Geldverdienen zugelegt hat.

Nagel-Probe

Im Frühjahr 1926 war Otto Nagel zum ersten Mal in einer großen Ausstellung der Preußischen Akademie der Künste am Pariser Platz mit dem Bild »Arbeitsnachweis« vertreten. Zur Eröffnung sprach Max Liebermann. Nach der Rede führte er die Gäste durch die Ausstellungsräume. Vor dem Bild Otto

Nagels blieben sie kurz stehen, und ich hörte Liebermann laut sagen: »Wissen Sie, das ist das beste Bild
der Ausstellung – natürlich nach meinem!« Alles
lachte, und alsbald kursierte dieser Liebermannsche
Spruch in ganz Berlin.

Die Ursache[*]

Eines Tages treffe ich Gerhart Hauptmann Unter den
Linden. Es war die Zeit, in der er so großen Erfolg
mit seiner »Rose Bernd« gehabt hatte. Ich sage zu ihm:
»Herr Hauptmann, Sie sind ein glücklicher Mann!«
»Wieso?« fragte Hauptmann. Und nun meinte er,
ich würde sagen: Weil Sie so große Erfolge haben. Ich
hab aber gesagt: »Weil Sie so scheen sind!«

Achtzig Jahre?

Zu Liebermanns achtzigstem Geburtstag schrieb
Thomas Mann in der Zeitschrift »Kunst und
Künstler«: »Vor einem Liebermannschen Garten-
stück aus jüngster Zeit erzählte mir der Direktor einer
ausländischen Galerie, auch der Meister habe mit ihm
davorgestanden und gefragt: ›Finden Sie det senil?‹
Man kann nur antworten: ›Nee, nich im jeringsten!‹«

Unbefangen

Der Kunstschriftsteller Karl Scheffler bekennt in der-
selben Zeitschrift: »Aller nationalistischer Befan-
genheit gegenüber ist zu betonen, daß seit Menzels
und Leibls Tod kaum etwas Deutscheres in der Malerei geschaffen worden ist als die Bilder Liebermanns.«

Ortsbestimmung

Das noble Haus am Pariser Platz Numero sieben, gleich neben dem Brandenburger Tor, gehörte der Familie Liebermann seit dem Jahre 1859. Nachdem Max Liebermann berühmt geworden war, hatte der Berliner Volksmund auf die Frage, wo der Maler Liebermann wohne, die Antwort parat: »Wenn man nach Berlin reinkommt, gleich links!«

Vorbilder

In einer zeitgenössischen Rezension kommt der Kritiker auf ein Vorbild Liebermanns zu sprechen, den französischen Realisten Gustave Courbet, und schreibt: »Alle Geschöpfe der Phantasie dieses Malers sind Kommunarden. Mir kam es sogar immer vor, als ob die Kühe und Ochsen auf Courbets Tierstücken sozialdemokratisch gesinnt wären, so unzufrieden sehen sie aus. Und nun tritt ein junger Maler auf, schwört auf die Richtigkeit und Wahrheit Courbets und kopiert dessen Manier so lange, bis alles in Schmutz getaucht ist.«

Faszination

Auf die Frage, ob er eine politische Verzauberung erlebt hätte, etwa durch Bismarck oder Wilhelm II., antwortete der achtzigjährige Liebermann: »Nein! Dauernd nur bei einem: Lassalle! Als er seine berühmten Reden gehalten hat, war ich noch auf dem Gymnasium, und ich erinnere mich deutlich, mit welcher Begeisterung wir Pennäler sie gelesen haben. Ich habe Lassalle auch einmal persönlich gesehen in Berlin. Er war strahlend schön wie ein junger Gott!«

Bismarck*

Eigentlich bekamen wir durch ihn den Größenwahn. Rock und Hosen, die er uns Deutschen anzog, waren viel zu groß und standen uns gar nicht vor der Welt. Jeder kam sich vor wie een kleener Bismarck. An det Ausland, wie det uns sieht, hat keener jedacht.

Die Visage

Max Liebermann und Professor Ferdinand Sauerbruch waren in Wannsee Nachbarn. Liebermann, der im Alter an einem Leistenbruch litt, wurde eines Nachts von heftigen Schmerzen überfallen, und seine Frau Martha alarmierte den Chirurgen. Sauerbruch ließ den Maler in die Charité bringen. Während der Untersuchung flüsterte Liebermann: »Mensch, Sauerbruch, haben Sie eene Visage! Det is die vertrackteste Visage uff der Welt. Die muß ick zeichnen. Jeben Sie mir Papier und Bleistift!«

»Lieber Meister«, sagte Sauerbruch, »wir wollen uns erst mal um Ihren Bruch kümmern ...«

»Nee, erst jeben Sie mir wat zum Zeichnen!« beharrte Liebermann. Als man ihm den Wunsch erfüllte, begann er zu skizzieren und sagte nach einer Weile erleichtert: »Nu hab ick Ihre Visage im Jröbsten festjehalten.«

Der Unterschied

Liebermann malte auch ein Ölbild von Professor Sauerbruch, zu dem mehrere Sitzungen nötig waren. Die wurden dem Chirurgen zuviel, und er begann zu murren. Liebermann blieb unnachgiebig und meinte: »Wenn Sie 'n Fehler machen, dann deckt ihn anderntags der jriene Rasen. Aber 'n Fehler von mir sieht man über hundert Jahre an de Wand hängen.«

Verdienst

Sauerbruchs Sohn Hans weigerte sich, Arzt zu werden, er fühlte sich zum Maler berufen. Der Vater nahm die Zeichnungen seines Sohnes, ging damit zu Liebermann und bat ihn um ein Urteil.

»Det Brot kann er sich schon verdienen«, sagte Liebermann, nachdem er die Blätter durchgesehen hatte. »Wie det mit die Butter is, det weeß ick nich so jenau.«

Aufhängen

Wat macht man denn so mit'n Leistenbruch?« fragte Liebermann Professor Sauerbruch, nachdem ihm ein solches Leiden diagnostiziert worden war.

Sauerbruch setzte zu einem Vortrag an, der mit »Nach dem heutigen Stand der Wissenschaft« begann. Liebermann wehrte ab. »Wat se früher jemacht haben, möcht ick wissen.«

»Im Mittelalter«, dozierte Sauerbruch, »ging man mit den Patients schonungslos um. In Ihrem Falle würde man Sie an den Beinen aufgehängt haben.«

»Mensch, Jeheimrat, det is ne Idee!« rief Liebermann. »Da rutscht det alles von alleene wieder rin! Hängen Sie mir sofort an die Beene uff!«

Sauerbruch wehrte ab, aber Liebermann gab nicht nach. Der Orthopäde wurde geholt, und nach einer Beratung wurde Liebermann an den Beinen aufgehängt.

Sauerbruch beobachtete besorgt das Gesicht des Achtzigjährigen und befürchtete Komplikationen. Aber Liebermann schrie freudig auf: »Mensch, Jeheimrat, Sie merken ooch jar nischt! Es is alles wieder rinjerutscht!«

Stunden später konnte Sauerbruch die besorgte Gattin Martha anrufen und ihr mitteilen, ihr Liebermann sei wieder in schönster Ordnung.

Kunstkenner Hindenburg

Als der Kunstkritiker Ernst Benkard das Hindenburgbild in Liebermanns Atelier sah, meinte er, das Gesicht des Reichspräsidenten sei nichts weiter als das eines alt und feist gewordenen Kadetten.

»Det dürfen Sie nich sagen«, widersprach Liebermann. »Hindenburg is keen Truppenoffizier, der is schon een Jeneralstäbler. Jewählt hab ick natürlich Marxen; ick bin Demokrat.«

Benkard wollte wissen, woher er Hindenburgs geistigen Führungsanspruch ableite. Nach einiger Überlegung sagte Liebermann: »Wie ick det Bild vom Präsidenten malen mußte, vom Marschall, wie sie da drüben sagen (eine Handbewegung wies nachlässig in Richtung Wilhelmstraße), bin ick morgens immer von Wannsee im Wagen reinjefahren. Et war Anfang Mai und ekelich kalt. Als ick nu in det Zimmer im Palais komme, is et jeheizt. Nanu, sag ick, habt ihr denn int janze Haus Feuer brennen? Antwortet mir der Diener: Nein, Herr Professor, der Marschall hat befohlen, für Sie den Kamin anzuzünden. Diese Vorsorge für meine Jesundheit, det is jeneralstabsmäßige Planung, meine ick.«

Das verstehende Lächeln Ernst Benkards veranlaßte Liebermann, mit Verschwörerstimme folgendes zum besten zu geben: »Hindenburg sollte sich in der Nationalgalerie zwei Jemälde für sein Arbeitszimmer im Präsidentenpalais aussuchen. Wat meinen Sie, wat der Mann sich jeholt hat? Eenen Hirsch in der Brunft-zeit – ick gloobe, Max Kröner malt sone Sachen – und eene Ansicht von Magdeburg. Zur Begründung hat er jesacht: ›Als Jäger verstehe ich was von Hirschen, und in Magdeburg habe ich als Leutnant gedient!‹« Liebermann, kopfschüttelnd: »Er hätte sich doch eenen Impressionisten schicken lassen können. Aber wo denn! Eenen Brunfthirsch und die Zitadelle von Magdeburg!«

Intrigant Liebermann

Als Tilla Durieux noch nicht die berühmte Reinhardt-Schauspielerin war, sondern eine unbekannte Anfängerin, verheiratet mit einem Maler namens Eugen Spiro, tauchte eines Tages Liebermann bei ihr auf. Er arbeitete gerade an »Samson und Delila«, und sie sollte ihm für die Delila Modell stehen.

»Mit Herzklopfen«, erzählt sie, »betrat ich das Haus am Pariser Platz und fand ein wahres Museum. Zum ersten Mal in meinem Leben sah ich ein solches Interieur; mein Blick konnte sich nicht losreißen von den schönen alten Möbeln und den herrlichen Bildern. Ich hatte nie geahnt, daß ein Privatmann diese Fülle von Impressionisten besitzen konnte, darunter das berühmte ›Bund Spargel‹ von Manet. Liebermann führte mich zu einem Diwan, auf dem ich knien mußte. Mein Kopf sollte einem üppigen rotblonden Frauenkörper aufgesetzt werden. Ich fand die Idee nicht ganz glücklich. Es war eine Delila, die eben triumphierend Samson das Haar abgeschnitten hatte. Die Bilder an den Wänden, die ich bei meiner Pose betrachten konnte, verschönten mir die Zeit, aber Liebermann wurde immer unangenehmer. In seinem Berliner Dialekt fing er an, gegen Spiro, den er doch kaum kannte, loszulegen, ja, er redete mir zuletzt zu, mich von ihm scheiden zu lassen, und wollte mir beweisen, daß wir ein zu ungleiches Paar seien. Ich war über die Einmischung empört und merkte erst später, daß das eine Art sein sollte, mir den Hof zu machen.«

Möglicherweise blieben Liebermanns Spitzen gegen Eugen Spiro doch nicht ohne Wirkung. Jedenfalls heiratete Tilla Durieux wenig später den Kunsthändler Paul Cassirer, dem auch Liebermann weder Mittelmaß noch Erfolglosigkeit vorwerfen konnte.

Der Steher

Für Carl Zuckmayers Drama »Schinderhannes«, das 1927 im Berliner Lessing-Theater aufgeführt werden sollte, schuf Max Liebermann die Bühnenbilder; Aquarelle, die auf gehängte Prospekte übertragen wurden.

»Die Zusammenkünfte mit dem großen Alten, teils in seinem Landhaus am Wannsee, teils in seiner Stadtwohnung am Pariser Platz«, berichtet Zuckmayer, »gehören zu meinen heitersten Erinnerungen. Einmal, als ich ihn am Vormittag besuchte, bot er mir eine Flasche schweren Burgunder und eine riesige Partagas-Zigarre an.

›Sehnse‹, sagte er, während er mir Glas um Glas eingoß, ohne selbst zu trinken, ›det kann ick nich mehr. Früher hab ick ooch morgens jern jesoffen und jeraucht. Det is so um die achtzig vorbei. Det einzige, wat noch pariert wie immer‹ – dabei schlug er sich mit Knall auf die Hose: ›det Pieplein! – könnse glooben‹, fügte er hinzu, da ich ihn vielleicht etwas perplex angesehen hatte – ›erst jestern im Atelier. Det war sone Kunstenthusiastin ...‹«

Kunst[*]

Ich bin immer noch der Meinung, daß Kunst von Können herkommt; käme sie von Wollen, hieße sie Wulst.

Ein goldenes Wort

In seiner Autobiographie »Wenn es ans Leben geht«, berichtet Peter Edel, wie Großvater Edmund am Schreibtisch, unter einer Skizze zu Liebermanns »Gänserupferinnen« sitzend, die Malversuche seines Enkels kommentierte: »Kannst dir mal merken, du Pinselquäler, 'n goldenes Wort vom Liebermann. Den hat mal ein Kunsthändler gefragt, was er eigentlich von den Bildern hält, die ein gewisser junger Mann ausgestellt hat. Weißte, was der antwortete? ›Ach, jehn Se mir mit dem, der hat sich das Malen ooch so anjewöhnt!‹«

Zeichnen*

Zeichnen ist Weglassen.

Der alte Liebermann

Ein Kunsthändler aus Brüssel traf wenige Wochen nach Hitlers Machterschleichung Max Liebermann, der – sei es wegen seines hohen Alters, sei es, weil er den richtigen Augenblick zur Emigration versäumt zu haben oder anderswo nicht leben zu können glaubte – in Berlin geblieben war, im Kaffeehaus Kranzler Unter den Linden. Der Maler saß allein an einem versteckten Tisch im Hintergrund des großen Saales und kritzelte Fratzen auf die Rückseite der Speisekarte.

»Ihr Aussehen gefällt mir nicht, Meister«, sagte der Belgier nach den ersten Worten der Begrüßung.

»Essen Sie nicht zu wenig? Wie geht es Ihnen überhaupt?«

»Ach, wissen Sie«, entgegnete Liebermann, »heutzutage kann man gar nicht soviel fressen, wie man kotzen möchte.«

Bitternis am Ende

Im Juni 1933 schrieb Liebermann an den Direktor des Museums in Tel Aviv: »Wie ein fürchterlicher Alpdruck lastet die Aufhebung der Gleichberechtigung auf uns allen. Besonders auf den Juden, die wie ich, sich dem Traum der Assimilation hingegeben hatten. ... Leider kann man einen so alten Baum – ich werde im nächsten Monat sechsundachtzig Jahre alt – nicht mehr verpflanzen. Doch lege ich die Hände nicht in den Schoß, und wäre es nur, damit die Arbeit mir über die Zeit, die ich noch zu leben habe, hinweghilft.«

Feinde*

Ich hatte zu viele Feinde, ich bot ja auch drei Angriffsflächen. Ich war erstens Jude, zweitens reich, und drittens hatte ich auch Talent.

Das Begräbnis

Max Liebermann starb zu Beginn des Jahres 1935. Seine beiden letzten Lebensjahre waren schwer, weil er, der Jude, von der allmächtigen Partei geächtet wurde. Er legte sein Amt als Präsident der Preußischen Akademie der Künste nieder mit einer kurzen Erklärung in der Presse. Kränklichkeit stellte sich ein, und er starb im achtundachtzigsten Lebensjahre, den

Regierenden bequem, weil sein Dasein wie Kritik wirkte. Beigesetzt wurde er in der Familiengruft auf dem alten Jüdischen Friedhof am Schönhauser Tor.

Wäre er einige Jahre früher gestorben, so hätte es am Pariser Platz im Hause der Akademie eine Leichenfeier größten Stils gegeben. Jetzt waren weder die Künstler, deren Vertreter er fast fünfzig Jahre lang gewesen war, noch die akademischen Korporationen anwesend. Keiner von den Würdenträgern, die in seiner Wohnung als Gäste ein- und ausgegangen waren, erwies ihm die letzte Ehre, kein Abgeordneter der Stadt Berlin, deren Ehrenbürger er gewesen war, kein Offizieller sprach ein Wort des Dankes und des Abschieds.

Von allen Künstlern, die er mittelbar und unmittelbar gefördert hatte, waren nur vier zur Trauerfeier erschienen. Es ziemt sich, ihre Namen zu nennen: Käthe Kollwitz, Hans Purrmann, Konrad von Kardorff und Klein-Diebold. Mit seinem Vetter, dem Chirurgen Sauerbruch, dem Arzt Liebermanns, war auch dessen Sohn, ein junger begabter Zeichner, erschienen. Am Sarge sprach der Rabbi.

Martha Liebermann

Liebermanns Frau, die achtundsiebzig Jahre zählte, blieb zurück. Bald darauf mußte sie die historisch gewordene Wohnung am Pariser Platz verlassen und eine neue im alten Westen suchen. Dort besuchten sie von Zeit zu Zeit die wenigen treugebliebenen Freunde und fanden sie stets gefaßt und starken Geistes. Ihr Schwiegersohn, der Philosoph Riezler, der unter Bethmann-Hollweg auch politisch eine Rolle gespielt hatte und der deswegen schlecht angeschrieben war, wanderte mit seiner Frau nach Amerika aus, wo er eine Lehrstelle erhielt. Frau Liebermann wollte ihren Kindern folgen, doch wurde ihr die Ausreise immer wieder verweigert, weil sie völlig ausgeplündert werden sollte. Als ihr eines Abends von der Geheimen Staatspolizei mitgeteilt wurde, sie werde am nächsten Morgen abgeholt – eine Mitteilung, die einem Todesurteil auf Sicht gleichkam –, nahm sie Veronal. Sie hatte einen schweren Tod im Jüdischen Krankenhaus.

Am nächsten Tage schon trieben sich in der an schönen Bildern und Möbeln noch reichen Wohnung einige bei der Partei wohlakkreditierte Kunsthändler beutegierig umher. Doch zerstörte eine Bombe wenige Tage später dann die ganze Hinterlassenschaft.

An Albert Kollmann

Mai 1895

Verehrter Herr Kollmann,

wenn die Beantwortung Ihres letzten Briefes sich bis heut verspätet, so ist der Grund davon das traurige Ereignis, daß mein Vater Sonntag früh um acht Uhr gestorben ist. Leicht und sanft, ohne irgendwelchen Todeskampf! Nur das ist als besonderer Punkt des Schicksals anzusehn, daß ihm nach dan Leiden, die er nach dem Tod meiner Mutter auszuhalten hatte, wenigstens der Tod leicht wurde.

Sie haben meine Eltern noch auf der Höhe des Glückes zu ihrer Goldenen Hochzeit gesehn. Wenn ich bedenke, was in dem kurzen Zeitraum von nicht drei Jahren an Veränderungen in unserer Familie sich zugetragen, so wird mir so recht klar, daß nichts auf der Welt beständig ist als der Wechsel. Ich hoffe, daß die Arbeit mich hinweghebt über die tiefe Trauer. Mit besten Grüßen ...

Paul Cassirer
Huis ter Duin Nordwyk aan Zee
Holland

9.10.1912

Lieber Herr Cassirer,

Ich freue mich, daß Sie mich mit meinen alten Briefen verschonen wollen; ich möchte sie überhaupt nicht veröffentlichen, denn wozu wieder neue Streitereien herausfordern? Der Fall Thode ist öffentlich damals erledigt, und die Briefe abdrucken hieße, dem hohlen Schwätzer zuviel Ehre zu tun. Vielleicht auch meinem Zorn, also hoffentlich noch recht lange nicht.

Daß ich an die »Phantasie in der Malerei« nicht nur gedacht, sondern daran gearbeitet habe, ersehen Sie aus beifolgendem Vorworte, das Sie setzen oder tippen lassen wollen, wenn Sie's für passend halten. Denn das Wort »Phantasie« gebrauche ich in einem Sinne, den es gemeinhin nicht hat. Ich meine die Fähigkeit, die dem Maler die Natur zum Bilde gestalten läßt (was nicht dasselbe ist wie Gestaltungskraft). Am liebsten würde ich »Phantasie« ganz ausmerzen, wenn ich das Wort nur durch ein prägnanteres zu ersetzen wüßte. Vielleicht wissen Sie oder Scheffler oder Handke – das große Triumvirat über Kunst und Künstler – ein bezeichnendes? Der dritte Artikel, »Die Phantasie in der Technik«, ist immer noch nicht fertig, doch ich arbeite in Gedanken daran. In meinen dreiundvierzigjährigen Hollandfahrten habe ich einen ähnlich schlechten Sommer nicht erlebt. Ich fürchte daher, daß die diesjährige Ernte demgemäß ausfallen wird und die Preise sehr in die Höhe gehen werden (bei der starken Nachfrage). Also decken Sie Ihren Bedarf sobald als möglich. Judenstraßen sind überhaupt nicht mehr aufzutreiben, und neue malen unmöglich, da das Judenviertel eigentlich aufgehört hat zu existieren. Ich denke noch diese Woche hierzubleiben und dann einen Abstecher nach Paris, wo ich seit fünfzehn Jahren nicht mehr war, zu machen und Ende des Monats zurückzusein. Wenn Sie das Vorwort tippen ließen und mir umgehend hierher senden wollten, wäre mirs sehr angenehm.

Mit vielen Grüßen
Ihr sehr ergebener M. L.

An Fritz Stahl

Berlin, 17.4.15

Verehrter Herr Stahl,

soeben habe ich gelesen, was Sie über mich geschrieben haben, und ich beeil mich, Ihnen neben meinem selbstverständlichen Danke meine aufrichtige Freude darüber auszusprechen: wenn es mir vergönnt ist, auf die Nachwelt zu kommen, möchte ich es in dem Licht, in welchem Sie mich darstellen. Zwar haben Sie meine Arbeiten immer wohlwollend beurteilt, aber nun haben Sie Ihr Urteil über mich so prägnant ausgedrückt, daß Sie in mir einen reinen Maler sehn. Ob ich Jude oder reich bin, was schert das meine Kunst. Nichts ist mir verhaßter als die Vermengung von religösen oder sozialen Begriffen mit der Kunst. Als ich die Gänserupferinnen gemalt hatte, schickte ich das Bild auf die Ausstellung in Hamburg, wo niemand meine Familie oder mich kannte. Die ekelhaften Anwürfe von Anti- und Semiten, als ich den »Christus im Tempel« gemalt hatte, haben mich für immer von biblischen Stoffen (mit Ausnahme des Simson, der doch im eigentlichen Sinne kein biblischer ist) abgehalten. Wenn einer Maler ist, soll er nach der Qualität seiner Bilder beurteilt werden, nicht aber nach seiner Nase.

In meinem Alter wird man leicht sentimental und mich beschleicht ein wehmütiges Gefühl bei dem Gedanken, daß ich Lobendes über mich kaum mehr lesen werde. In aufrichtiger Dankbarkeit

Ihr sehr ergebener M. L.

An die Redaktion des »Vorwärts«
Berlin NW 7 Pariserplatz   17.11.18

Auf Ihre Zuschrift vom 15.11. erwidere ich folgendes: »Was ich für die Kunst vom neuen Volksstaat erwarte?« Nichts und alles: Freiheit!

Aber künstlerische Freiheit ist nicht Gesetzlosigkeit, sondern die Kunst ist autonom, sie und kein Anderer schreibt ihr die Gesetze vor. Das Genie wird geboren: seine Förderung kann nur darin bestehen, daß man es sich frei entwickeln lasse, daß der Boden zu seiner Entwicklung gut gedüngt sei. Weg mit den Prinzipien und Theorien! Man stelle den richtigen Mann an die richtige Stelle, dem seine Überzeugung höher gilt als sein Amt. Was haben Brinkmann und Lichtwark für Hamburg geleistet, was hat der einzige Hugo von Tschudi trotz des heftigen Widerstandes geleistet, der ihm nicht nur von oben, sondern auch von Leuten gegenübertrat, die sich jetzt bei der neuen Regierung anzubiedern versuchen. Kunst ist Gewissenssache: es schaffe jeder Künstler so gut er's vermag, dann schafft er am besten für das Volk.

Dr. Max Liebermann

An Geheimrat Lehrs

Berlin NW 7 Pariserplatz   19.11.18

Sehr verehrter Herr Geheimrat,

seit dem Empfang Ihrer freundlichen Zeilen vom 6.11. sind die wüsten Stürme der Revolution über uns hereingebrochen und haben mich verhindert, sie zu beantworten. – Leider besitze ich kein Exemplar der Wolffsohn-Radierung. Ich habe daher an Landgerichtsrat Schiefler, für den ich die Platte damals als Vorsitzender des Vereins Hamburger Kunstfreunde gemacht, geschrieben, Ihrem Kabinett einen Druck zu senden: was er sicher tun wird. Auch wegen der zwei Ihnen fehlenden Drucke der Kleist-Lithographien werde ich mit dem Verleger Bruno Cassirer sprechen.

Ihr König hat sich von allen früher regierenden Fürsten am besten aus der Affäre gezogen; in der

Chemnitzer Zeitung, die mir von befreundeter Seite zugeschickt wurde, stand, daß er, als ihm die Revolution »gemeldet« wurde, gesagt hätte: »Auch gut, nun könnt Ihr Euch Euern Dreck selbst besorge!« Am schlechtesten Wilhelm der Letzte, indem er nach Holland floh.

Wir am Pariserplatz hatten es sehr ungemütlich, da am Donnerstag den siebten von der alten Regierung wie in allen umliegenden Häusern Maschinengewehre in der ersten Etage aufgepflanzt waren, was natürlich die Soldaten und Matrosen der Revolution reizte und glauben ließ, daß das Haus verteidigt werden sollte. Die sechs oder sieben Mann der Maschinengewehr-Bedienung waren aber gescheiter und ergaben sich, wobei der Offiziersstellvertreter geweint haben soll, als ihm die Koharde abgerissen wurde. Eine Kugel ging durchs Fenster in die gegenüberliegende Wand in der ersten Etage. Zwanzig Bilder aus meiner Sammlung hatte ich vorher in Sicherheit bringen lassen. Wer weiß, wann ich sie wieder an ihren Platz werde aufhängen können! Leider sieht es noch nicht nach Ruhe aus. Es ist fürchterlich, und ich bemühe mich, möglichst viel zu arbeiten, um an die Misere nicht denken zu müssen. Mit besten Empfehlungen auch an Ihre Frau Gemahlin

Ihr sehr ergebener Max Liebermann

An Geheimrat Lehrs
Direktor des Kupferstichkabinetts in Dresden

NW Berlin 7 Pariserplatz   29.1.19

Sehr verehrter Herr Geheimrat,

da in Geldsachen Ordnung nötig ist, teile ich Ihnen
mit, daß ich heute Mk Achthundert von Ihrem Kup-
ferstich-Kabinett erhalten habe, aber ich vermute
einen Irrtum, denn nach einl. Abschnitte wäre der
Betrag für zwei am neunten dieses Monats von Ihnen
erworbenen Zeichnungen. Sollte es nun die Beglei-
chung für die zwei im vorigen Jahr von Ihnen gekauf-
te Zeichnung sein, so war, glaube ich, der Betrag von
Mk Tausend festgesetzt; was ich, wie gesagt nur der
Ordnung halber Ihnen mitteile. Ich überlasse die
Zeichnungen dem Kabinett natürlich auch für Mk
Achthundert.

Wir haben inzwischen böse Zeiten durchgemacht,
und wir haben beinahe drei Wochen bei unserer Tochter gewohnt, von wo wir erst vorige Woche nach
unserem Hause, das in jetzigen Zeitläuften den
Maschinengewehren und Handgranaten etwas zu
exponiert liegt, zurückgekehrt sind. Aber auch jetzt
ist man nicht sicher, wenn man durchs Tor geht, eine
halbe Stunde drauf wieder hineingelassen zu werden, wenn man nicht zufälligerweise einen Ausweis
bei sich hat. Kurz: schön ist anders, und ich beneide
Sie ob der zu Dresden herrschenden Ruhe und Sicher-

heit. Denn, wie mir vor kurzem Dr. Posse schrieb, benehmen sich die U.S. bei Ihnen ganz manierlich. (Was man von den hiesigen U.S. nicht gerade sagen kann.) Eben erhalte ich von Herrn Lohmitz eine Karte aus Zürich: prachtvolle Ernährung, überall Wohlleben, gesunde, wohlgekleidete Leute. Ach, wenn wir das wieder von Berlin schreiben könnten, aber Berlin ist zerlumpt, schmutzig, abends dunkel und eine tote Stadt; dazu Soldaten, die Streichhölzer oder Zigaretten in der Friedrichstraße oder Unter den Linden verkaufen, blinde Drehorgelspieler in halbverfaulten Uniformen, mit einem Worte: jammervoll. Aus Degout gehe ich seit Wochen nicht mehr in die Stadt. Welche Wendung! Das sind die glänzenden Zeiten, denen man uns entgegenführen wollte. Es ist zum Heulen. Allerdings scheint es glücklicherweise nur hier so gräulich zu sein; denn heute nachmittag erzählte mir G. Kirstein aus Leipzig, daß es dort viel besser aussehe. Wir sitzen hier zu dicht am Schuß. Man wäre versucht, reaktionär zu werden. Hoffentlich sehen die Arbeiter bald ein, daß sie nicht zwanzig Mark pro Tag verdienen können, ohne zu arbeiten, sonst ists mit uns zu Ende, und Heine hat recht, »Deutschland wird nicht verderben, jedoch die alte Frau kann sterben« – wie er im Wintermärchen singt.

Mit besten Grüßen auch an Ihre Frau Gemahlin von uns beiden

Ihr ergebener Max Liebermann

An Thomas Theodor Heine

Berlin NW 7 Pariserplatz   23.2.33

Sehr verehrter Herr Kollege,

es ist mir sehr erwünscht (was Sie ja aus der umgehenden Beantwortung Ihres Briefes auch entnehmen können), daß Sie mich über die Kollwitzaffäre – Heinrich Mann ist ebenso brutalisiert – befragen, bevor Sie den entscheidenen Schritt, den ich ebenfalls sofort tun wollte, Ihrerseits tun: Ich bitte Sie, bis Mitte nächster Woche zu warten. Dann werde ich Ihnen definitive Antwort geben.

Das Natürliche wäre, auszutreten. Aber mir, als Juden, wird das als Feigheit ausgelegt werden, wie mir schon mein Rücktritt von der Präsidentschaft als Feigheit ausgelegt worden ist. Noch mehr aber verhindert mich daran die Erwägung, durch meinen Austritt grade das zu tun, was die Gegner wünschen.

Ich möchte nicht denselben Fehler machen, den ich vor zwanzig Jahren begangen habe, als ich den andern die Sezession aushändigte. Ich möchte, daß die Gegenpartei das tut. Allerdings kömmt alles darauf an, ob ich Gefolgschaft finde (was mehr als zweifelhaft, doch will ich nichts unversucht lassen).

Also abwarten bitte. Bis dahin mit bestem Danke für Ihren Brief und mit freundlichen Grußen auch an Gulbransson

Ihr sehr ergebener Max Liebermann

Liebermanns Austritt aus der Akademie

Centralvereins-Zeitung   Berlin 11.5.1933

Ich habe während meines langen Lebens mit allen
meinen Kräften der deutschen Kunst zu dienen ge-
sucht. Nach meiner Überzeugung hat Kunst weder
mit Politik noch mit Abstammung etwas zu tun, ich
kann daher der Preußischen Akademie der Künste,
deren ordentliches Mitglied ich seit mehr als dreißig
Jahren und deren Präsident ich durch zwölf Jahre
gewesen bin, nicht länger angehören, da dieser mein
Standpunkt keine Geltung mehr hat. Zugleich habe
ich das mir verliehene Ehrenpräsidium der Akademie
niedergelegt.

Aus den Postjournalen der Nationalgalerie
Amtlich, Berlin

1933/0888   3.5.1933
Rückgabe von zwei Gemälden von Max Liebermann
»Kinderfrau« und »Garten in Wannsee« von Max
Böhm, hier.
    (Ludwig Justi beantragt beim Minister die Rück-
gabe der Gemälde »Enkelkind des Künstlers in
Wannsee« an Max Böhm, der »früher ein schwerrei-
cher Mann« und Besitzer einer umfangreichen Kunst-
sammlung war, auch viel für die Künstler getan hatte

und heute durch die »Not der Zeit« völlig verarmt ist. Justi argumentierte, daß einer Rückgabe der im Jahre 1919 geschenkten Bilder an Max Böhm nichts entgegensteht, da sich beide Werke im Magazin befinden und ohne weiteres entbehrt werden können.)

1933/1768   13.9.1933
Rückgabe der beiden Liebermanns »Garten des Künstlers in Wannsee« und »Enkelkind des Künstlers mit Kinderfrau« an Max Böhm, Berlin. (Nach Übermittlung des Staatsministerialbeschlusses vom 13.9.1933 werden die Gemälde von der Nationalgalerie an Beamten des Vollstreckungsbehörde übergeben.)

Hans Purrmann
8.2.1935

Als Liebermann erkrankte, sah ich Kardorff besorgt herumgehen, und als er starb, kam Kardorff niedergeschlagen zu mir. Er litt darunter, daß Liebermann das bittere Schicksal traf, so verachtet in Deutschland sterben zu müssen, und wir beschlossen, an seinem Begräbnis teilzunehmen. Wir riefen die Preußische Akademie an, ob sie irgendeine Ehrung vorgesehn habe, und wurden kühl und und kurz abgefertigt. Als ich dann als deren Mitglied darauf bestand, mehr zu erfahren, wurde ich gefragt, ob ich in einem Auftrag handle. Nein, ich meinte nur, daß Liebermann während zwölf Jahren Präsident der Akademie gewesen sei, und das lasse mich doch erwarten, daß man sich dankbar zeige, da er doch wirklich die Akademie in diesen Jahren lebendig verwaltet, belebt und zu hohem Ansehn gebracht habe. – Mit Kardorff ging ich dann zu der Feier auf dem alten Friedhof in Berlin, wo Liebermann bei seinen Vätern Ruhe finden wollte. Karl Scheffler hielt eine Rede, und die bedrückende Stimmung war kaum zu überwinden, die meinen Freund Kardorff und mich überfiel. Wir waren die einzigen Maler, und nur das schwermütige und schöne Gesicht der so hochstehend menschlichen und künstlerischen Käthe Kollwitz leuchtete aus der kleinen Menge Leidtragender heraus. Außer durch Max J. Friedländer und Adolph Goldschmidt waren auch die Kunstwissenschaft und die Museen nicht zahlreicher vertreten. Mit Friedrich Sarre, diesem verehrten und aufrechten Mann, machten wir uns auf den Heimweg, und unsere Unterhaltung stand unter dem Eindruck dieser bedrückenden Umstände. Kardorff, der an der Staatlichen Kunstschule Lehrer war, hatte wirklich durch diese Teilnahme am Begräbnis etwas zu verlieren, und wenn ich mich darüber so eingehend auslasse, so ist es, weil ihm die Ehre zukam und ich vielleicht ohne seine Anregung etwas unterlassen hätte, was mich noch heute schmerzen und beschämen würde.

Herzog von Coburg
Berlin SW 68, den 25. März 1942
Kochstraße 28

An den Chef der Sicherheitspolizei und des SD
Berlin SW 11
Prinz Albrechtstraße 8

Gelegentlich eines Aufenthalts in Stockholm ist mir durch den Prinzen Eugen von Schweden, einem Bruder des Königs Gustav von Schweden, Nachfolgendes vorgetragen worden mit der Bitte, die Möglichkeit der Durchführung zu erkunden:

1. Kann der Witwe des Malers Professor Liebermann die Genehmigung zur Ausreise nach Schweden erteilt werden? In Schweden gibt es einen Kreis von Personen, die es übernommen haben, zutreffendenfalls für ihren Lebensunterhalt dort zu sorgen.

2. Kann der Witwe des Arztes Professor Zondek die Genehmigung zur Ausreise nach Irland über Portugal erteilt werden? Für diese Frage hat sich, wie möglicherweise dort auch bekannt ist, das Internationale Komitee vom Roten Kreuz in Genf interessiert. Eine entgegenkommende Entscheidung dieses Falles würde daher in Genf sehr begrüßt werden und erhält damit ein Gewicht, das über den einzelpersönlichen Fall hinausgeht. Der verstorbene Mann der Frau Zondek scheint als Leiter eines Lazeretts in Tempelhof während des Ersten Weltkrieges 14–18 in Krei-

sen des Internationalen Roten Kreuzes besonders bekannt geworden zu sein. Meines Wissens handelt es sich in beiden Fällen um ältere Frauen ohne Familienanhang. Ich bitte, mich über das Ergebnis einer Prüfung beider Fragen unterrichten zu lassen, damit ich gegebenenfalls in der Lage bin, dem Prinzen Eugen von Schweden einen kurzen Bescheid geben zu können.

Heil Hitler!

1847

Max Liebermann wird am 20. Juli in Berlin geboren.

1859

Louis Liebermann, der Vater des Künstlers, kauft das Haus Pariser Platz Nr. 7, direkt neben dem Brandenburger Tor.

1863

Max Liebermann nimmt Zeichenunterricht bei Carl Steffeck.

1866

Ostern, Abitur am Friedrich-Werderschen Gymnasium, Immatrikulation an der Philosophischen Fakultät der Berliner Universität.

1868

Beginn des Studiums an der Kunstakademie in Weimar.

1870

Infolge eines komplizierten Armbruchs wird Liebermann vom Militärdienst befreit, braucht deshalb nicht am Deutsch-Französischen Krieg teilzunehmen.

1871

Besuch beim ungarischen Maler Mihály Munkácsy in Düsseldorf, Reise nach Holland; im Herbst in Weimar Beginn der Arbeit an den »Gänserupferinnen«.

1872

In Paris erste Begegnung mit Bildern von Millet und Courbet.

1874

Aufenthalt in Barbizon, dem Zentrum der französischen Impressionisten.

1877

Auf der Ausstellung der Königlichen Akademie der Künste in Berlin zeigt Liebermann die »Arbeiter im Rübenfeld« und »Klatschgeschichten«. Beide Bilder werden von der Kritik abgelehnt.

1879

Auf der Internationalen Kunstausstellung in München wird das Bild »Jesus im Tempel« hart kritisiert; es löst eine Debatte im Bayrischen Landtag aus. Liebermann zieht sich nach Dachau zurück.

1881

»Die Schusterwerkstatt« und »Die Klöpplerin« entstehen.

1884

Vermählung mit Martha Marckwald, Hochzeitsreise nach Holland.

1889

Liebermann bewirkt trotz staatlicher Ablehnung für die Weltausstellung in Paris anläßlich des 100. Jahrestages der Französischen Revolution das Zustandekommen einer repräsentativen deutschen Abteilung; erhält die Ehrenmedaille, darf aber die Ernennung zum Ritter der Ehrenlegion nicht annehmen. »Die Netzflickerinnen« und »Frau mit Ziege« werden vollendet.

1891

Porträt des Hamburger Bürgermeisters Petersen. Das Bild stößt auf empörte Ablehnung, darf in Hamburg nicht gezeigt werden.

1893

Italienreise.

1894

Die »Gänserupferinnen« kommen in die Berliner Nationalgalerie.

1896

Liebermann wird erneut durch die Französische Republik zum Ritter der Ehrenlegion ernannt und darf die Ernennung annehmen.

1897

Auf der Großen Berliner Kunstausstellung erhält Liebermann die Goldene Medaille und wird zum Professor der Königlichen Akademie der Künste ernannt.

1898

Liebermann schlägt Käthe Kollwitz für ihren Zyklus »Ein Weberaufstand« für eine Goldmedaille vor. Kaiser Wilhelm II. lehnt ab.

1899

Wahl zum Präsidenten der neugegründeten Berliner Sezession.

1903

Liebermann veröffentlicht seinen Aufsatz »Die Phantasie in der Malerei«.

1905

»Judengasse« und das Bildnis »Baron Berger« entstehen.

1909

Liebermann erwirbt ein Gartengrundstück am Wannsee und läßt sich dort ein Landhaus mit Atelier bauen.

1911

Infolge Streitigkeiten mit jüngeren Künstlern legt Liebermann den Vorsitz der Sezession nieder. Sein Nachfolger wird Lovis Corinth.

1914

Liebermann wird Ehrenpräsident der »Freien Sezession«.

1918

Liebermann malt ein Porträt des Komponisten Richard Strauss.

1920

Berufung zum Präsidenten der Preußischen Akademie der Künste.

1924

Liebermann setzt sich für die Wahl Heinrich Zilles zum Akademiemitglied ein.

1927

Porträt des Reichspräsidenten von Hindenburg. Verleihung des Ordens Pour le mérite und der Ehrenbürgerschaft von Berlin.

1932

Wahl zum Ehrenpräsidenten der Preußischen Akademie der Künste. Bildnis »Professor Ferdinand Sauerbruch«.

1933

Am 2. Mai tritt Liebermann aus der Preußischen Akademie der Künste aus und legt das Amt des Ehrenpräsidenten nieder.

1935

Max Liebermann stirbt 87jährig am 8. Februar in Berlin, wird am 12. Februar im Familiengrab auf dem Jüdischen Friedhof in der Schönhauser Allee beigesetzt.

1943

Martha Liebermann wird im März von der Gestapo aufgefordert, sich für den Transport nach Auschwitz vorzubereiten. Sie nimmt Gift und stirbt fünfundachtzigjährig im Jüdischen Krankenhaus.

Nachwort

Im Jahre 1907, also in Max Liebermanns sechzigstem, veröffentlichte Kurt Tucholsky im »Ulk« unter dem Titel »Märchen« eine Glosse, in der von einem Kaiser erzählt wird, der nicht nur ein großes Reich besaß, sondern auch eine Wunderflöte. Sah man durch ihre Grifflöcher, erblickte man die besten Werke moderner Kunst; und was machte der Kaiser? Er pfiff darauf!

Einer von denen, auf die Kaiser Wilhelm der Zweite pfiff, war der »Schmutzmaler« Max Liebermann. Es muß gesagt werden, er pfiff mit gutem Grund darauf; denn Max Liebermann pfiff auf die kaiserliche Kunst und, was schlimmer war, auf die preußische Landeskunstkommission und ihren Vorsitzenden Anton von Werner, den Maler der Kaiserproklamation vom 18. Januar 1871, den Reichsgründungsmaler.

Dabei hatte Max Liebermann die besten Voraussetzungen, ein Vertreter dieser kaiserlichen Kunst zu werden. Sein Vater Louis war aus Märkisch-Friedland nach Berlin gekommen, hatte in Schlesien Kattundruckereien besessen, mit über tausend Arbeitern, hatte die Fabriken mit Gewinn verkauft, als ihm nach der Reichsgründung elsässische Kattundrucker mit Billigpreisen den Rang abliefen. Der Anteil aus dem Verkauf bedeutete für Max Liebermann soziale Sicherheit, auch wenn ihn der Vater aus pädagogischen Gründen kurzhielt. Wer am Pariser Platz wohnte, »gehörte dazu«. Trotzdem wurde Liebermann vom Kaiser noch als Anarchist beschimpft, als ihm die Anerkennung für seine Malerei nicht mehr versagt werden konnte. Warum?

Als Max Liebermann bei Carl Steffeck in Berlin Mal- und Zeichenunterricht nahm, durfte er im Jahre 1867 an einem Bilde mitarbeiten, das den Titel trug: »König Wilhelm I. wird von seinen Kriegern nach der Schlacht bei Königgrätz begrüßt.« Adolph von Menzel malte 1871 »Die Abreise König Wilhelms zur I. Armee am 31. Juli 1870«. 1873 pinselte Karl von Piloty in München den Kolossalschinken »Thusnelda im Triumphzug des Germanicus«. 1877 folgte Anton von Werners »Kaiserproklamation«. Die akademische Malerei jener Jahre war eine deutschtümelnde Historienmalerei, die mithelfen sollte, Kaiserträume von einer politischen Vormachtstellung Deutschlands in Europa zu verwirklichen. Eine spezifisch deutsche Malerei wurde gefordert, isoliert von der europäischen Kunstentwicklung, besonders von der französischen. Das führte zum Protest von Künstlern und Kunstwissenschaftlern. So kaufte der Direktor der Berliner Nationalgalerie, Hugo von Tschudi, demonstrativ Bilder französischer Impressionisten. Max Liebermann besuchte 1871 in Düsseldorf den ungarischen Realisten Mihály Munkácsy, ging 1874 und 1875 nach Barbizon in Frankreich, wo Jean Baptiste Camille Corot und Charles-François Daubigny ihre Landschaften malten; wo vor allem Jean François

Millet seine Bildnisse mit Bauern und Ährenleserinnen schuf. Millet mit seinen bäuerlichen Szenen und Gustave Courbet mit seinen Arbeiterbildern übten den stärksten Einfluß auf Liebermann aus. In glanzlosen, erdigen Farben begann er einfache Menschen bei ihrer Arbeit zu malen: »Gänserupferinnen«, »Kartoffelsammlerinnen«, »Gemüseputzerinnen«, »Arbeiter im Rübenfeld«, »Frau mit Ziegen«. Keine Idylle wurde gezeigt, auch keine Anklage erhoben. Liebermann sagte einfach: Seht her, so ist es. Damit entsprachen seine Bilder weder dem Selbstverständnis der preußischen Militärkaste noch dem des Besitzbürgertums der Gründerjahre. Nicht deren Traumwelt wurde dargestellt, sondern der mißachtete Teil der realen Welt, den man gar nicht zur Kenntnis nehmen mochte. Die Angehörigen jener Gesellschaftsschicht, für die es eine Selbstverständlichkeit war, auf Daunen zu schlafen, empörten sich über die »Gänserupferinnen«. Sie weigerten sich, einfache Menschen bei ihrer Arbeit als Gegenstand der Kunst zu akzeptieren anstelle von Monarchen, Kriegshelden und hehren Sagengestalten. Liebermann wurde als »Schmutzmaler« apostrophiert. Als ihn 1889 die französische Republik zum Ritter der Ehrenlegion ernannte, durfte er die Auszeichnung nicht annehmen.

Die Kunstentwicklung ließ sich durch die kaiserliche Reglementierung nicht aufhalten. Was in der staatlichen Akademie keinen Platz fand, was von der preußischen Kunstkommission abgelehnt wurde, das wurde in privaten Galerien gezeigt, von finanzkräftigen Leuten mit Gespür für Kunst auch gekauft. Es bedurfte nur noch eines Anstoßes für die Organisierung dieser Kräfte. Der Anstoß wurde die Ablehnung des Bildes »Grunewaldsee« von Walter Leistikow durch die Jury der Großen Berliner Kunstausstellung. Die Abgelehnten und Angefeindeten gründeten am 2. Mai 1898 eine freie Künstlervereinigung, die Berliner »Sezession«. Zu ihrem Präsidenten wählten sie Max Liebermann. Im selben Jahr eröffneten Bruno und Paul Cassirer ihren Kunstsalon mit einer Ausstellung von Degas, Meunier und Liebermann; im selben Jahr wurde Thomas Theodor Heine wegen Majestätsbeleidigung im »Simplicissimus« zu sechs Monaten Gefängnis verurteilt. Die Sezession eröffnete ihre erste Ausstellung am 20. Mai 1899 in der Kantstraße Nr. 12. Es wurden Werke von Liebermann, Walter Leistikow, Ludwig von Hofmann, Hans Baluschek, Dora Hintz und anderen gezeigt. Fortschrittliche Kräfte aus München, Dresden, Karlsruhe und Worpswede unterstützten die Berliner Sezession. So waren auch Lovis Corinth, Max Slevogt, Arnold Böcklin und Heinrich Vogeler vertreten. 1905 erwarb die Sezession ein eigenes Haus am Kurfürstendamm 208/209. Ihre Sommerausstellungen waren Höhepunkte im Berliner Kulturleben. Neben den impressionistischen Bildern des Dreigestirns

Liebermann, Slevogt, Corinth gab es die neue Stil-
kunst der um Leistikow gescharten Künstler wie
Ludwig von Hofmann und Martin Brandenburg.
Eine betont sozialkritische Richtung vertraten Käthe
Kollwitz, Hans Baluschek und Heinrich Zille. Hei-
matkunst in entrümpelter Form schufen die Worps-
weder Maler Otto Modersohn, Heinrich Vogeler
und Hans Mackensen. Französische, holländische
und belgische Künstler wurden in die Ausstellung
einbezogen.

So bekam Berlin Bilder von Manet, Pisarro,
Cèzanne, Toulouse Lautrec, Vincent van Gogh, Paul
Signac, Plastiken von Rodin, Maillol und Meunier
zu sehen. Auch der Norweger Edvard Munch, der
Jahre zuvor einen Skandal entfesselt hatte, gehörte
zu den Künstlern, die von der Sezession ausgestellt
wurden. Liebermann war ihr Präsident bis zum
Jahre 1911, und die Zeit seiner Präsidentschaft war
die glanzvollste der Sezession.

Obwohl ihm Leute wie Gauguin und van Gogh
nicht lagen, ließ er sie gelten und stellte sie aus. Erst
als die Expressionisten am Kunsthimmel wetter-
leuchteten, kam es zu ernsthaften Meinungsverschiedenheiten. Siebenundzwanzig Maler, unter
ihnen die Mitglieder der Dresdener Kunstvereini-
gung »Brücke«, wurden von der Jury der Berliner
Sezession zurückgewiesen, darunter Begabungen
wie Emil Nolde, Ernst Ludwig Kirchner und Max
Pechstein. Nolde schrieb einen geharnischten Pro-

testbrief, und Liebermann trat zurück. Sein Nachfolger war Lovis Corinth.

Liebermann behagte die aufgeregte Malweise der Jungen nicht, er bemängelte ihre malerische Qualität. Daß es eigentlich nicht die Malweise war, die sie trennte, begriff er nicht. Seine Lebensaufgabe war es gewesen, die deutsche Malerei aus der wilhelminischen Enge herauszuführen. Dazu war die Vertreibung des wilhelminischen Gegenstandes notwendig gewesen.

Egal ob Madonna oder Mohrrübe, Kopf des Jochanan oder Kohlkopf, allein die malerische Qualität galt. Daß nach Vertreibung des Wilhelmismus junge Kräfte den Gegenstand als sozialkritischen Gegenstand mit Recht wieder in die Kunst einbrachten, den Jochanan-Kopf als Kopf des Aufrührers zeigten und mit ihm aufrühren wollten, vermochte Liebermann nicht einzusehen. Was nicht heißt, daß er solche Künstler gegenüber deutschnationalen Attacken nicht verteidigt hätte. Das Plädoyer für die »Schützengrabenbilder« von Otto Dix war ohne Zweifel eine Parteinahme für inhaltliche Wahrhaftigkeit. Als Liebermann den Zyklus »Weberaufstand« von Käthe Kollwitz 1898 für eine Goldmedaille vorschlug, geschah das nicht nur aus Respekt vor ihrer Nadeltechnik; der Kaiser wußte schon, warum er den Vorschlag ablehnte. Als sich der Siebenundsiebzigjährige für die Aufnahme Heinrich Zilles in die Preußische Akademie der

Künste einsetzte, war er sich des politischen Affronts bewußt, der seine Ursache in Zilles sozialer Engagiertheit hatte und nicht in seinem flotten Strich.

Wer die Malweise zum alleinigen Kriterium machte, der war auch bereit, anstelle eines Kohlkopfes den Kopf des Reichspräsidenten Hindenburg zu malen; auch Bankiers, Grafen, einschließlich deren juwelenbehängter Gattinnen.

Liebermanns Jahresverdienst betrug 1932 dreihunderttausend Reichsmark. Er war zum Modemaler der Privilegierten geworden, das bestbezahlte Berliner Original, dankbares Objekt für Anekdotensammler. Trotz der Auseinandersetzungen mit den Expressionisten, trotz mancher ironischer Seitenhiebe der Linken (John Heartfield verwendete ein Foto des hindenburgmalenden Liebermann für die Rückseite des Schutzumschlages zu Upton Sinclairs Buch »Die goldene Kette«, erschienen 1927 im Malik-Verlag) standen seine Gegner im deutschnationalen Lager; so gab es auch antisemitische Töne von Anfang an.

Schon zu Kaisers Zeiten wollten Anhänger des philosophasternden Schriftstellers Julius Langbehn die Jugend mit Rembrandt erziehen, wetterten gegen das Judentum im allgemeinen so, wie Richard Wagner gegen das in der Musik. Natürlich wußte Liebermann viel mehr von Rembrandt als Julius Langbehn, der sich von Bismarckmaler Franz

Lenbach als Philosoph mit dem Ei porträtieren ließ. Erschreckt von kapitalistischer Nivellierung, verlangte Langbehn eine rassereine Volksgemeinschaft auf bäuerlicher Grundlage, unter Ausschluß der Juden. Seine Losung: »Die Jugend gegen die Juden« sollte Jahrzehnte später schreckliche Folgen haben. Ferdinand Avenarius führte in seinem »Kunstwart« schon 1905 »deutsche Seelenkunst« gegen französischen Impressionismus ins Feld, als er schrieb: »Hier mögen alte Rasseeinflüsse obwalten. Die mongolische Schädelform ist in Frankreich bekanntlich sehr verbreitet. Solchen fremdgeistigen Einflüssen sich hinzugeben, steht den Deutschen nicht an.« Der Engländer Houston Stewart Chamberlain schrieb wenige hundert Meter von Richard Wagners Haus »Wahnfried« in Bayreuth seine »Grundlagen des 19. Jahrhunderts«. Ein Buch, das Alfred Rosenberg zu seinem »Mythus des 20. Jahrhunderts« inspirierte und Adolf Hitler zu seiner Judenvernichtungsfibel »Mein Kampf«.

Das Phänomen des Antisemitismus war Liebermann also bekannt; er hatte sich schon 1903 in der »Jugend« karikiert gesehen, wie später nur noch im »Stürmer«. Gedanken über Probleme des Judentums hatte er mit Richard Dehmel, Gerhart Hauptmann und Albert Einstein ausgetauscht. Er hatte in der Weimarer Republik Morddrohungen erhalten. Nie hatte er geglaubt, daß mittelalterlicher Dunkelmännerwahn je Staatsräson werden könnte.

Als das 1933 geschah und die braunen Kolonnen an seiner Wohnung vorüber durchs Brandenburger Tor marschierten, resümierte er: »Ick kann jar nich soviel fressen, wie ick kotzen möchte!« Das war kein Protest gegen eine degoutante Form, sondern gegen den abscheulichen Inhalt einer angeblich nationalen Revolution.

Das Ende kam, wie es kommen mußte. Liebermann erhielt Malverbot, erklärte am 2. Mai 1933 seinen Austritt aus der Akademie und legte die Ehrenpräsidentschaft nieder.

»Ich habe immer geglaubt, daß Kunst weder etwas mit Politik noch mit Rasse zu tun hat«, schrieb er.

Ein verhängnisvoller Irrtum, wie sich zeigte. Es wurde ihm mit der falschen Rasse auch die falsche Politik angelastet. Förderung des Dekadenten, Artfremden, Französischen. Sein Satz »Die Sonne geht im Westen auf«, witziger Hinweis auf die Bedeutung der französischen Impressionisten für die europäische Kunstentwicklung, wurde als Angriff auf arische Sinnenfreude und deutsche Seelentiefe verstanden. Obwohl seine Malerei spezifisch deutsch war, in vieler Hinsicht sogar ausgesprochen märkisch, sprach man ihm jegliche Bedeutung für die deutsche Kunst ab, erklärte ihn zum Orientalen. Der Geschmacklosigkeit war keine Grenze mehr gesetzt, weder der »Kulturbolschewist« wurde ausgespart noch der »plattfüßig jüdelnde Itzig«.

So starb Max Liebermann am 8. Februar 1935 vereinsamt und verzweifelt. Er wurde auf dem alten Jüdischen Friedhof in der Schönhauser Allee beerdigt. Hinter seinem Sarg gingen außer der Witwe Martha noch Käthe Kollwitz, Hans Purrmann, Konrad von Kardorff, Leo Klein von Diebold, Karl Scheffler, Adolph Goldschmidt, Ferdinand Sauerbruch und sein Sohn Hans und vielleicht noch ein Dutzend Leute. Berlin hatte damals viereinhalb Millionen Einwohner.

Walter Püschel

Zu dieser Auswahl

Es gehört zum Wesen der Anekdote, daß sie nicht mit dem Anspruch auftritt, in jedem Fall Verbürgtes zu berichten. Von Max Liebermann gibt es viele witzige Aussprüche, belegte und nicht belegbare, desgleichen mehr oder minder treffende Anekdoten. Sie sind von Reportern, Kunstschriftstellern, Kunstliebhabern notiert worden; manche nach dem Hörensagen, viele wurden ab- und umgeschrieben. So wird mit dem bekannten Ausspruch: »Ich habe Sie ähnlicher gemalt als sie sind!« in einer Version der junge Gerhart Hauptmann zurechtgewiesen, in einer anderen ein »protziger Herr Neureich«. Die bösen Worte: »Ich kann gar nicht so viel fressen, wie ich kotzen möchte!« lauten bei Heinrich Mann in »Ein Zeitalter wird besichtigt«: »Soviel kann ich unmöglich essen, wie ich mich erbrechen möchte!«

Ich habe versucht, mich bei der Bearbeitung mehr an den Geist als an den Buchstaben zu halten. Unverändert geblieben sind alle in Liebermanns Schriften nachweisbaren Zitate und auch die Texte namentlich genannter Autoren.

Außer Anekdoten enthält der Band eine Reihe von Aussprüchen, Briefstellen und Notizen, die mir geeignet erscheinen, das künstlerische und politische Credo Max Liebermanns zu verdeutlichen.

W. P.

Sigrid Achenbach, Matthias Eberle (Hrsg.), Max Liebermann
in seiner Zeit, Ausstellungskatalog: »Jehn Se zum Kaiser ...«,
Expertise, Trost, Die Ursache, Ortsbestimmung, Anschlüsse,
Faszination, Bismarck, Kunstkenner Hindenburg, Abwehr,
Gemüt, Onkel Adolph, Unbefangen, Bitternis am Ende, Brief
an Paul Cassirer, Brief an Albert Kollmann, Brief an Fritz
Stahl, Brief an die Redaktion des »Vorwärts«, Brief an
Geheimrat Max Lehrs (1 und 2), Brief an Thomas Theodor
Heine, Liebermanns Austrittserklärung aus der Akademie

Lovis Corinth, Werkkatalog der Gemälde: Doppelbildnis

Tilla Durieux, Eine Tür steht offen: Intrigant Liebermann

Peter Edel, Wenn es ans Leben geht: So isses, Ein goldenes
Wort

Georg Hermann, Werke und Briefe: Georg Hermann erinnert
sich

Max Liebermann, Die Phantasie in der Malerei: Vergebliche
Liebesmüh, Kunstgelehrtheit, Zeugung, Brautnacht, Kopien
nach Originalen, Meschugge, Methode, Phantasie, Gott sei
Dank, Antwort, Der weltgeschichtliche Moment, Schein, Ratschlag, Klassisch, Künstlerschaft, Form, Credo, Genie

Hans Ludwig (Hrsg.), Eulen nach Spreeathen: Naturstudie,
Die Grenze, Selbstbewußtsein, Nicht doch, Entweder oder,
Hoffnung

Georg Lukács, Die Eigenschaft des Ästhetischen: Ähnlichkeit,
Zeichnen

Thomas Mann, Reden und Aufsätze: Achtzig Jahre?

Walli Nagel, Das darfst du nicht: Nagel-Probe

Arno Neumann, Maxe, unser lieber Mann!: Trieberweckung, Kindermalerei

Hans Ostwald, Das Liebermann Buch: Ohne Überhebung, Dressur, Begegnung mit Menzel, Ausstellungseröffnung, Die Judenfrage, Bismarcks Söhne, Ein Irrtum, Keine Aussicht, Laster, Popularität, Ablaßhandel, Verwandte, Der Kritiker, Zeitverschwendung, Italien, Das kleinere Übel, Immer taktvoll ..., und diskret, Der Geschichtsmaler, Immer dasselbe, Inhalt und Form, Vetternwirtschaft, Wegbereiter, Erkenntnis, Notwendiger Vorbehalt, Werkzeug, Ein Kriterium, Noch ein Kriterium, Realpolitiker, Zille, Talent, Treffsicherheit, Karl May, Vor Rembrandts Nachtwache, Begabung, Sitzungsgespräche, Shocking, Vorsicht, Ratgeber, Armutszeugnis, Diagnose, Roßkur, Urteil, Sammler, Kompliment, Technik, Preise, Geschäftssinn, Kunsthistoriker, Die Witwe, Das Verhältnis, Angemessen, Großzügig, Diplomatenschläue, Zäh, Approximativ, Autogramme, Ein Witz, Erdgeist, Dichtung, Atelierplauderei, Bedenkenswert, Rausch, Philister, Alter, Beruf, Beunruhigung, Film, Anerkennung, Wohnungsvermittlung, Hindenburg, Personenschutz, Der Sachverständige, Keine Staatsräson, Kollegen, Zauber, Stolz, Definition, Motiv, Tarnung, Jury, Unmöglich, Erleuchtung, Gruppenbild, Zoologisches, Anstand, Mommsen, Worauf es ankommt, Grundmuster, Kopien, Einsame Menschen, Rohstoff, Korrektur, Eine Lanze für Otto Dix, Potsdam

Hans Ostwald, Das Zille-Buch: Bescheidenheit, Ratschlag, Lebenslauf, Rat

Ferdinand Sauerbruch, Das war mein Leben: Die Visage, Der Unterschied, Verdienst, Aufhängen

Karl Scheffler, Die fetten und die mageren Jahre: Das Begräbnis, Martha Liebermann, Irrtum

Karl Scheffler, Max Liebermann: Weihnachtsbescherung,

Fachgutachten, Temperament, Judentum, Berlin, Esprit, Wirkung, Erzieher der Reichen, Bei Steffeck, Zeichnet, was ihr seht!, Steffecks Grenzen, Vorbilder, Rembrandt als Erzieher, Karikatur, Sport, Kannitverstan, Goethe, Lyrik, Romantik, Nachwuchs, Musil, Herrgottschänder, Zuspruch, Münchner Gemütlichkeit, Spaß, Entfernung, Der Weg, Der Anfang, Altmännerhaus, Stoßseufzer, Memoiren

Diether Schmidt (Hrsg.), Manifeste: Kunst, Hans Purrmann

F. C. Weiskopf, Das Anekdotenbuch: Der alte Liebermann

Angelika Wesenberg (Hrsg.), Max Liebermann, Jahrhundertwende: Feinde, Musik, Urheberrecht, Interview mit einem Dackel, Wettlauf zwischen Dackel und Kaninchen, Nicht alle Karnickel sind gleich, Unmoralisch, Warum nicht?, Aus den Postjournalen der Nationalgalerie, Anerkennung, Det hört nich uff!, Brief des Herzogs von Coburg

Carl Zuckmayer, Als wär's ein Stück von mir: Der Steher

Rechtsvermerk

Für die freundliche Genehmigung zum Abdruck danken wir:
Aufbau Verlag, Berlin (F. C. Weiskopf, Anekdotenbuch);
Herbig Verlag in der F. A. Herbig Verlagsbuchhandlung
GmbH, München (Tilla Durieux, Eine Tür steht offen, 1954);
Kindler Verlag München (Ferdinand Sauerbruch, Das war
mein Leben, 1951);
S. Fischer Verlag, Frankfurt am Main (Carl Zuckmayer, Als
wär's ein Stück von mir, 1966)

Leider konnten nicht für alle Anekdoten die Rechteinhaber
ermittelt werden. Wir bitten, Ansprüche beim Verlag geltend
zu machen.

Eulenspiegel Verlag

Inhalt

Hein 4

ISBN 3-359-00954-1

1. Auflage
© 1998 Eulenspiegel Verlag · Das Neue Berlin
Verlags GmbH & Co. KG
Rosa-Luxemburg-Str. 16, 10178 Berlin
Buchgestaltung: Matthias Gubig
Einband unter Verwendung eines Fotos von N. Perscheid
Gesamtherstellung: Ebner Ulm